Insurance Innovation and
Insurance-Based Urban Governance:
A Mode of Ningbo, China

保险创新与保险型城市建设
宁波范例

孙伍琴 滕 帆 等 /著

ZHEJIANG UNIVERSITY PRESS
浙江大学出版社

图书在版编目(CIP)数据

保险创新与保险型城市建设:宁波范例 / 孙伍琴
等著. —杭州:浙江大学出版社,2020.12
ISBN 978-7-308-20828-4

Ⅰ.①保… Ⅱ.①孙… Ⅲ.①保险业—研究—宁波
Ⅳ.①F842.755.3

中国版本图书馆 CIP 数据核字(2020)第 237679 号

保险创新与保险型城市建设:宁波范例

孙伍琴　滕　帆　等著

策划编辑	吴伟伟	
责任编辑	陈　翩	
责任校对	丁沛岚　袁朝阳	
封面设计	春天书装	
出版发行	浙江大学出版社	
	(杭州市天目山路 148 号　邮政编码 310007)	
	(网址:http://www.zjupress.com)	
排　　版	浙江时代出版服务有限公司	
印　　刷	广东虎彩云印刷有限公司绍兴分公司	
开　　本	710mm×1000mm　1/16	
印　　张	13	
字　　数	206 千	
版 印 次	2020 年 12 月第 1 版　2020 年 12 月第 1 次印刷	
书　　号	ISBN 978-7-308-20828-4	
定　　价	68.00 元	

目　录

绪　论

就传统意义而言,保险主要用于应对自然灾祸或意外事故发生时的经济补偿、事后救助。随着社会经济的发展,保险的功能也随之拓宽,已发展成为内含风险管理、社会治理、民生保障、资金融通、财富管理等多种功能的综合性金融工具。理论与实践证明,保险创新不但有利于推进保险产业自身发展,还能促进保险产业与社会经济协同发展,推进保险型城市建设,使区域发展更具可持续性。

一、选题背景

宁波具有深厚的保险历史渊源。19 世纪末 20 世纪初,以宁波帮为代表的浙江商人群体,如朱褒三、沈敦和、宋汉章等人,先后出资设立了华兴、华安、民安、宁绍等第一批民族保险公司[①],对我国保险发展起到了至关重要的作用。

改革开放以来,宁波持续践行保险创新。随着宁波社会经济的迅猛发展,民生保障、社会治理、经济发展等层面的风险管理需求日益提高。在此背景下,作为市场化的基础性风险管理工具,保险逐步进入宁波市政府的决策视野。自 2008 年始,宁波在全国率先大规模探索应用各类保险创新,在民生保障、社会治理和经济发展等层面加大政策扶持力度,为充分实现保险"社会稳定器"和"经济减震器"的核心职能提供了坚实的基础。特别是通过创新政保合作机制,探索并实施了一批全国首创的保险创新项目,形成了保险创新服务于产业结构调整、现代社会治理和民生保障改善的"宁波模式""宁波样本"和"宁波解法"。为此,2014 年 7 月,宁波获批成为全国首个"会

---

① 王珏麟.浙商与中国近代保险业发展研究:从 1905 年到 1955 年[C]//浙江保险科研成果选编(2016 年度).杭州:浙江省保险学会,2017.

省市共建"保险创新综合示范区;2016年6月,国务院正式批复同意宁波建设全国首个国家保险创新综合试验区。

国家保险创新综合试验区为宁波保险创新插上了腾飞的翅膀。国家保险创新综合试验区建设既是国家赋予宁波的重大使命,也使宁波具备了将创新先发优势转化为比较优势并最终形成引领优势的机遇和条件。但必须看到,尽管在保险创新上有较好的工作基础和先发优势,但在国家城市定位和金融保险业综合实力上,宁波和北上广深等城市相比还存在较大差距。因此,在推进保险业创新跨越发展中,必须结合宁波的区位条件、城市资源禀赋和现实基础,走差异化发展之路。正是基于以上定位,宁波将发展壮大保险业、推动保险与社会经济协同发展的基点放在改革与创新上,坚持践行"全域保险""全产业链保险"理念,通过设立宁波市保险创新产业园区,继续加大保险在经济建设、社会治理和民生保障等领域的创新发展,既服务国家战略和保险强国建设,又促进宁波城市转型发展。

基于这样的背景,本书试图通过分析宁波保险创新推进保险型城市建设的实例,揭示保险创新与保险型城市建设的互动机理,为全国提供保险创新促进经济发展、参与社会治理和民生保障等方面可复制、可推广的做法与经验。

二、研究思路与结构安排

本书的基本思路是:围绕"保险创新与保险型城市建设"这一主题,首先,概述保险创新与保险型城市发展的理论,并总结国内外保险创新与保险型城市互动发展的做法、经验与机理。其次,总结宁波保险创新特征、经验和面临的制约,并从宁波国家保险创新综合试验区建设和区域社会经济发展需要出发,阐述宁波保险创新推进保险型城市建设的总体思路和保障举措。再次,全面细化宁波保险创新推进保险型城市建设的实施路径和重点任务:立足保险创新推进保险产业自身发展,重点发展保险科技和航运保险;立足推动保险创新与社会经济的协同发展,重点推动保险创新服务实体经济、促进社会治理现代化和完善民生保障。最后,运用创新政策评价理论与方法,提出宁波保险创新评价指标体系构建方案,并给出相关的政策建议。

按照上述研究思路,本书的结构安排如下:

第一章"保险创新与保险型城市建设理论与经验"。本章以保险创新与保险型城市发展为主线,在梳理保险创新和保险型城市的内涵与外延的基础上,剖析国内外城市保险创新与保险型城市互动发展的成功做法和经验,总结出保险创新与保险型城市发展的互动关系和发生机理,并展望保险创新与保险型城市发展的未来趋势。

第二章"宁波保险创新推进保险型城市建设实践与发展战略"。本章以保险创新推进保险型城市建设为主线,在总结宁波保险创新特征、经验和面临制约的基础上,从宁波国家保险创新综合试验区建设目标和地区社会经济高质量发展需要出发,结合宁波的区位条件、城市资源禀赋和现实社会经济基础,重点阐述宁波保险推进保险型城市建设的总体思路、实施路径、重点任务和保障举措。

第三章"宁波保险科技发展研究"。发展保险科技是宁波保险创新推进保险型城市建设重点任务之一。本章以保险科技推进宁波保险产业自身发展为目标,在梳理保险科技主流技术与应用领域、剖析国内保险科技行业发展现状的基础上,重点分析宁波发展保险科技的成效与瓶颈,并提出宁波保险科技发展的保障举措。

第四章"宁波航运保险创新发展研究"。发展航运保险是宁波保险创新推进保险型城市建设重点任务之二。本章从宁波区位条件、资源禀赋优势出发,以航运保险推进宁波保险产业发展、服务实体经济为目标,通过剖析宁波航运保险供求匹配状况、借鉴国内外航运保险发展经验,致力于探讨宁波航运保险创新发展的总体思路和重大举措。

第五章"宁波保险创新促进中小企业成长研究"。保险创新服务实体经济是宁波保险创新推进保险型城市建设重点任务之三。本章从宁波实体经济特征出发,以推动保险创新服务实体经济为目标,在剖析保险创新促进中小企业成长逻辑与国际经验的基础上,总结宁波保险服务中小企业的创新举措和典型案例,展望保险创新促进中小企业成长的未来趋势。

第六章"宁波保险创新赋能社会治理现代化研究"。保险创新赋能社会治理现代化是宁波保险创新推进保险型城市建设重点任务之四。本章以推动保险创新与社会经济的协同发展为目标,阐述保险创新赋能社会治理现代化的理论依据和现实基础,剖析宁波保险创新赋能社会治理现代化的典型案例,总结宁波保险创新赋能社会治理现代化存在的问题,并探讨保险创新进一步促进社会治理现代化的对策建议。

第七章"宁波保险创新完善民生保障体系研究"。保险创新完善民生保障体系研究是宁波保险创新推进保险型城市建设重点任务之五。本章以推动保险创新与社会经济的协同发展为目标,在分析宁波保险创新完善民生保障体系成效的基础上,重点剖析保险创新完善民生保障体系的国外成功案例和宁波实例,并揭示宁波提升民生保障水平、促进经济发展的关键所在,展望宁波保险创新完善民生保障体系的未来趋势。

第八章"宁波保险创新指标体系构建研究"。本章在介绍创新政策评价理论与方法的基础上,整合宁波保险创新与保险型城市建设的实践经验,从"投入—产出—带动"三个维度设计了保险创新政策评价体系,旨在为宁波建设保险型城市提供决策依据。

三、主要观点与结论

本书通过比较研究和探索,形成了以下主要观点和结论:

第一,保险与社会经济发展之间具有较为明确的相互促进关系。随着社会经济发展,各经济主体的保险需求显著提升。以创新为代表的保险发展也为社会经济发展提供了多样有效的风险保障,反过来又推动社会经济的高质量发展。各国发展实践进一步印证了两者的关系,即经济强国(市)几乎都是保险创新强国(市)。

第二,保险创新作用于城市发展的主要目标就是构建保险型城市。依据国内外经验,特别是宁波国家保险创新综合试验区的建设经验,保险创新要与区域社会经济发展的要求相一致,通过产品创新、服务创新、机制创新、市场创新等来满足区域性经济发展、民生保障和社会治理所产生的大量风险管理需求,使城市更具抗风险韧性和可持续发展能力。同时,保险创新与保险型城市发展之间存在着相互推动的关系。一方面,保险创新为保险型城市建设提供了必要手段,保险业务范围不断拓宽至经济、社会治理与民生保障,为城市发展提供了全面有效的风险保障,从而推动保险型城市的形成与发展。另一方面,保险型城市建设既要求依据全要素理论促进创新要素在城市集聚,又要求发挥保险创新在保险型城市建设中的核心带动作用,需要更广泛意义上的保险创新,为保险创新指明了发展方向。

第三,历史经验和实践表明,保险创新与保险型城市互动发展呈现均衡发展型、市场推动型和城市推动型三大组态。均衡发展型组态——高城市辐射能级＋高经济总量＋高人口规模＋大量保险机构＋高保险市场化水平,即保险创新与城市发展之间具有较强的互动作用,城市发展推动保险创新,保险创新也为城市提供了有力的风险保障。市场推动型组态——发达国家＋高城市辐射能级＋高经济总量＋非高人口规模＋较少保险机构＋高保险市场化水平,即在发达国家,由于社会经济已发展到较高阶段,即使保险创新能力不一定很强,但通过高度市场化运营,也能推动保险型城市的发展。城市推动型组态——非发达国家＋高城市辐射能级＋高经济总量＋高人口规模＋较少保险机构＋非高保险市场化水平,即在发展中国家,保险需求主要基于社会经济发展水平的整体提高。

第四,宁波保险创新已摸索出些许经验。一是保险创新要与区域社会经济发展阶段相适应,这也是保险与社会经济发展之间具有较为明确的相互促进关系的演绎;二是政保合作是保险创新的主要推动力量,它启蒙了社会公众的保险意识,引领着保险供给更加有效匹配现实需求,并在一定程度上弥补了市场失灵;三是保险型城市是保险创新的核心目标,通过践行全域保险和全产业链保险,全面提升了保险与社会经济的协同发展。

第五,保险创新推动保险型城市建设必须与城市的区位优势和经济特征相适应。以宁波为例,宁波港口自然禀赋优越,同时外向型经济发展迅猛,因此必须大力推动航运保险创新。同时,宁波拥有大量的中小企业,必须构建与中小企业发展阶段相匹配的信用保证保险、创业保险、相互保险等,这样才能缓解中小企业所面临的融资难、创业风险过大等难题,在运营成本可控的前提下有力提升企业的抗风险能力。

第六,保险创新推动保险型城市建设必须与城市的社会治理和民生保障需求相适应。老龄化、居民消费升级、企业用工荒等现象以及新型就业模式,揭示了保险参与社会治理与民生保障、促进保险与社会经济协调发展的关键所在,也展示了保险创新推进全面小康社会建设的未来趋势。

第七,建立保险信息共享平台至关重要。一是探索保险信息共享平台,打破"信息孤岛"现象,通过保险信息平台建设实现保险业与社保、卫计、民政、公安、法院等部门及其他金融行业之间信息交流共享,依托大数据平台开展产品创新、服务创新。二是搭建保险信息科技共性技术研发平台,整合优势互联网企业的人工智能(A)、区块链(B)、云计算(C)、大数据(D)等科技资源，形成信任共识，为保险科技产业提供数字经济基础设施。

第八，保险型城市建设是系统性工程，需要构筑多层面保障体系。一是加强顶层设计，出台"一揽子"支持政策实施细则，强化制度创新；二是推动保险发展的法治环境建设，强化保险创新项目保护制度，加大保险消费者保护力度，探索开展保险创新和保险型城市的地方立法；三是加强与世界先进的保险业对接，密切对接国际性保险行业组织，通过举办论坛、展览等手段形成有一定国际影响力的保险型城市研究氛围，对外输出可推广、可复制的建设经验；四是加强保险创新和保险型城市的政策指标体系构建，力争在条件成熟时对相关工作进行定量测算与分析。

第一章　保险创新与保险型城市建设
理论与经验

通常来说,保险与社会经济发展之间具有较为明确的相互作用关系。一方面,随着社会经济发展,人民生活水平日益提高,不管是对财产保险还是人身保险,其保险需求显著提升。另一方面,以保险创新为代表的保险发展也会为社会经济提供多样有效的风险保障,反过来又能推动社会经济的更高质量发展。2014 年,国务院印发《关于加快发展现代保险服务业的若干意见》,要求保险发展与我国经济社会发展需求相适应,这从政策层面也印证了保险与社会经济之间相互推动的关系。本章以保险创新与保险型城市发展为主线,从理论层面梳理保险创新和保险型城市的内涵和外延,通过国内外保险创新与保险型城市发展案例分析,总结保险创新与保险型城市建设的互动关系和内在机理,并展望保险创新与保险型城市发展的未来趋势。

第一节　保险创新与保险型城市:内涵与外延

为紧扣本书"保险创新与保险型城市发展"这一研究主题,同时方便全书内容安排和深入讨论,本节先对保险创新与保险型城市等相关概念的内涵和外延进行界定与辨析。

一、保险创新内涵与主要内容

(一)保险创新内涵界定

1912 年,经济学家约瑟夫·熊彼特(Joseph Schumpeter)在《经济发展理论》一书中首次从经济学角度解释了"创新"的含义,将创新定义为"生产函数的重新建立"或"生产要素新的组合",主要包含市场创新、产品创新、资源配置创新、技术创新以及组织创新五个层面的内容。① 以此为契机,"创新"的概念被广泛地引入经济学、社会学等领域,学者们纷纷从不同角度针对创新的内涵与外延进行了深入的研究。

依据社会学、经济学的创新理论,保险创新是指通过投入要素配置的变革,实现保险服务的最优化供给,并产生良好的社会效益。加强保险创新,应加大保险理论、产品服务与监督管理的创新力度,引导保险从卖方市场向买方市场转变,为客户创造更高价值,实现稳定持续发展。

(二)保险创新主要内容

保险创新主要集中在产品创新、服务创新、机制创新、市场创新四个方面。

1. 产品创新

产品创新主要是指对已有保险条款进行梳理、归纳、组合和转化,设计出符合特定风险管理需求的保险新产品,拓宽保险业务范围,提高保险保障水平。商业保险经营主体主要是围绕经济社会发展的新需求,通过优化保险险种结构、改造升级保险产品、完善保险产品开发条款等,开发出适应市场与客户需求的一揽子保险新产品。

产品创新主要通过三种途径来实现:第一,意外类保险产品转变为补充保障类保险产品,例如高额医疗保险、失能保险等;第二,短期类保险产品转变为长期类保险产品,例如健康保险中的长期护理保险创新;第三,保险类产品转变为综合金融保险类产品,例如 1970 年开始出现的投资连接型保险、万能保险、分红保险等。

2. 服务创新

服务创新主要指保险经营主体通过强化保险服务理念、拓宽保险服务渠道、创新保险服务手段、完善保险服务流程,从而实现保险服务水平与保险商誉的提升。保险服务创新集中体现在展业、承保、防灾防损、核损、理赔等多个保险经营与管理环节。推动保险服务创新,保险经营主体应注重服务领域的拓展与延伸,积极构建普惠型服务体系,充分发挥保险业的保障功能。

---

① 约瑟夫·熊彼特.经济发展理论:对于利润、资本、信贷、利息和经济周期的考察[M].何畏,易家详,等译.北京:商务印书馆,1990.

服务创新主要体现在三个方面。一是由渠道服务转变为用户服务。一直以来,我国保险产品的开发多是针对渠道而非针对用户需求而设立的。如今保险业发展呈现服务扁平化趋势,保险产品的开发势必将由渠道服务导向转变为用户服务导向。二是由被动式服务转变为主动式服务。传统的保险服务多是在办公室里等待顾客上门,现在越来越多的保险公司主动上门为客户提供服务。三是由体验式服务转变为驱动式服务。近年来,随着保险业竞争逐渐加剧,相较于原来的体验式服务,驱动式服务方式在保险业越来越被重视,特别是随着"互联网＋"的兴起,保险与互联网高度结合,驱动式服务将会成为保险业服务的发展趋势。

3.机制创新

机制创新是指保险经营主体应强化保险业发展的顶层设计,在将保险业发展融入地方经济社会发展中的同时,综合运用新兴技术手段,实现保险业与科学技术的有效融合。保险经营主体应结合自身保险业发展的现实状况,选择性吸收与借鉴发达国家与地区保险业机制构建的先进经验,积极探索建立符合自身发展的现代化长效机制,推动保险业的规范化、信息化发展。

机制创新的根本在于立法机制创新。保险业发展需要通过立法来确保其顺利运行,保险业创新则需要相关法律法规提供必要保障。依据我国当前法治化推进的进程,统一制定保险业法律法规,有两种模式可供参考:一是制定全国统一的保险法律法规;二是在全国性法律的基础上,结合当地保险业发展现状与特点进行单独立法,用以补充全国性法律监管的盲区与不足,最终形成"全国性立法为基,地方性立法互补"的多层次法律体系。

4.市场创新

在致力于为客户设定高品质服务的过程中,保险经营主体应针对不同的险种,提出不同的管理思路。在市场层面进行创新,需要关注客户分类、分销渠道与客户关系维护等问题。有关保险客户分类问题,主要是依据人群的差异以及组织的不同区分客户的种类。在进行分类时,需要在综合分析客户的现实状况与需求倾向的基础上,设定不同的服务方案。有关分销渠道的设定,保险经营主体应处理好客户反馈的相关问题,并对已有的产品与服务进行改进与完善。与此同时,不断加深对客户需求的了解,并为客户量体裁衣,提供最符合其需求的产品。有关客户关系维护问题,保险经营主体需要重视与不同群体的客户间的关系,可以通过设定专属助理等方式逐步过渡到自动化服务方式。

二、保险型城市内涵与动力机制

2014 年国务院发布的《关于加快发展现代保险服务业的若干意见》明确要求,保险要成为社会"稳定器"和经济"助推器"。在此要求的推动下,学界与业界广泛梳理了国内外保险创新及其对社会经济之影响的相关研究成果,提出了保险创新的"保险型城市"建设目标。本书借助风险社会、可持续城市与保险创新等核心理论,界定保险型城市的内涵机制,并对保险型城市的动力机制进行初步的探讨。

(一)基础理论与内涵界定

1.风险社会理论

德国社会学家乌尔里希·贝克(Ulrich Beck)于 1986 年首次提出"风险社会"这一概念,并用来描述后工业时代的基本特征。贝克等认为,"风险社会"是与"工业社会"相对的概念,在后工业时代,尽管人们仍然面对继续生产和积累财富的压力,但是饥饿不再是需要解决的首要问题,让人们不堪重负的是生产财富所带来的风险问题。[①]

经过贝克、吉登斯等人的不断完善,风险社会理论成为研究后工业时代社会问题的重要理论体系之一。在后现代社会,风险大量出现且呈现全球化趋势,比过去更加难以管理,也更难避免。[②] 与此同时,作为后现代性的核心制度的政府、工业和科学,成为风险的制造源头。随着生产水平的提高,财富分配不平等问题得到了一定的缓解,但又随之产生了产品风险、灾害风险等新的风险。这些风险的出现打破了固有的风险测算方法,大量集聚与全球化蔓延成为其本质特征。

2.可持续城市理论

可持续城市理论是以可持续发展理论为基础发展而来的。可持续发展理论强调的是在不损害环境与资源再生能力的前提下,满足当代人对资源和环境的需求。以此为基础,可持续城市理论认为,城市的发展不仅要注重

---

① 乌尔里希·贝克,等.风险社会[M].何博闻,译.南京:译林出版社,2004.
② 吉登斯.现代性的后果[M].田禾,译.南京:译林出版社,2000.

经济发展,也要注重生态环境的保护与可持续发展,城市发展应该以不危及城市的未来发展作为前提条件。

1987年,理查德·瑞杰斯特在《生态城市伯克利:为一个健康的未来建设城市》中首次提出"生态城市"的概念。有关可持续城市的内涵,国内外学者一致认为,是指某一城市在不牺牲后代人资源与环境需求的前提下,满足当代人资源与环境需要的能力。可持续城市的理想状态,是指某一城市在经济、社会、生态等各个领域都建立起可持续的生活方式,在实现自身发展的同时,不给后代人的需求遗留负担。概而言之,可持续城市具备两项主要特征:一是在追求经济社会发展的同时,注重城市生态系统的保护与改善;二是在不增加后代人发展成本的前提下,为当代人持续提供福利。

3.保险型城市内涵

基于上述对风险社会理论、可持续城市发展理论、保险创新内涵的理解,我们认为,保险型城市是指将保险创新作为完善社会治理、推动城市转型发展的有效突破口,融会贯穿于风险管理、经济发展、民生保障、社会治理等领域,通过促进保险创新发展推动风险减量管理与风险转移,促进经济提质增效、改善民生福祉保障、提升社会治理能力,成为引领城市创新转型的主轴。加强保险型城市建设,应加大保险理论、保险体制、保险管理、保险产品、保险服务、保险监管的创新力度,引导保险从卖方市场向买方市场转变,为客户创造更高价值,实现保险业持续发展。

(二)保险型城市动力机制

上述研究表明,保险型城市建设的核心目标是为城市提供全面有效的风险保障,基本手段是加大保险创新力度,实现保险与城市之间的可持续互动发展。显然,保险型城市是创新型城市的一个重要外延。

创新型城市是指城市处于整体性创新状态,创新活动发生在经济社会中的各个领域,其目标在于通过创新经济社会发展模式,实现经济社会等各领域的可持续发展。推动创新型城市发展的动力机制,主要体现在内驱力与外驱力两个层面。其中,创新发展战略和创新驱动要素构成推动创新型城市发展的内驱力。以科技发展战略与产业发展战略为支撑的创新发展战略,决定了创新驱动要素的主要流向。创新驱动要素作为创新发展战略的作用主体,涵盖创新主体、创新资源、创新网络、创新机制和创新文化。创新型城市建设的外驱力主要来自政府与市场。创新城市建设的主要动力源于现实和潜在的市场需求，创新型城市建设的价值通过满足市场需求而实现，政府则在创新型城市发展建设的全过程中起着重要的推动作用。

根据上述分析可知，作为创新型城市建设的重要外延，保险型城市建设的内驱力源于保险创新主体、创新资源、创新网络、创新制度及创新文化等要素对保险创新战略的支撑作用。保险型城市建设的外驱力主要源自政府政策支持与市场需求拉动。推动保险型城市建设，应注重各要素间的协同作用，并处理好政府与市场的关系。

第二节　保险创新与保险型城市发展国内外典型案例

国内外发展实践表明，保险创新对于社会经济发展具有较为显著的推动作用，经济强国（市）几乎都是保险创新强国（市）。本节选择国内的广州、深圳、上海和国外的纽约都市圈、佛罗里达、东京都市圈等保险型城市（区域）为典型案例，总结其在保险创新与保险型城市建设中的成功做法，并运用定性比较分析方法对案例进行组态分析。

一、国内案例：保险创新发展

（一）广州和深圳：市场驱动型保险创新发展

作为我国珠三角的核心城市，广州和深圳注重保险市场培育，保险发展一直处于全国前列，其基本经验总结如下。

1. 长期重视保险法人机构的设立和引进

广州和深圳是我国改革开放的前沿，对金融发展的认识较为超前和务实，自 1990 年就开始培育和支持平安等保险法人机构发展，目前，广州和深圳已经成为我国保险法人机构最为集聚的地区之一。

截至 2018 年，广州共有保险法人机构 5 家（以中小型为主），省级保险机构 103 家（产险公司 47 家，寿险公司 56 家），专业保险中介法人机构 130 家（保险代理 82 家，保险经纪 19 家，保险公估 29 家）。[①] 深圳共有保险法人

---

① 粤港澳大湾区规划对广州保险业有何利好？［EB/OL］.（2018-10-19）［2020-05-30］. http://caifuhao. eastmoney. com/news/20181019210454454023590.

机构 25 家（包括平安保险等大型公司），保险分公司 73 家，专业保险中介法人机构 129 家（保险代理 58 家，保险经纪 43 家，保险公估 27 家，保险中介集团 1 家）。[1]

2. 保险创新的市场化运营机制较为完善

广州和深圳的保险市场发育较为完善，保费规模庞大。2018 年上半年，广州实现保费收入 651.13 亿元，深圳为 648.14 亿元，分列全国大中城市的第三、四位，同期宁波的保费收入为 180.93 亿元，差距较为明显。[2]

近年来，广州和深圳学习借鉴宁波国家保险创新综合试验区的建设经验，鼓励保险机构参与社会保障和社会治理体系建设。在社会保障层面，支持企业创新开发商业健康保险、长期护理保险、企业年金、职业年金、个人税优健康保险等产品。在社会治理层面，扩大医疗责任险、环境污染责任险、电梯责任险等各类责任险的覆盖面，并积极发展食品安全责任险、建筑安全责任险，有效化解社会纠纷，以利于社会稳定的维护。目前，这些项目主要是在政府引导基础上，依托保险公司商业化运作，保证了保险创新的可持续发展。

3. 政府引导政策体系较为成熟，落实有力高效

近年来，广州和深圳为推动金融保险产业发展制定了一系列政策。2013 年，广州市政府出台《关于支持广州区域金融中心建设的若干规定》，进一步明确和细化了金融机构扶持、人才奖励、环境优化等内容。2017 年年底，又出台了《关于促进广州保险业进一步支持实体经济发展的工作方案》，为保险业支持实体经济发展提供了政策引导。

深圳早在 2006 年就与保监会共同确定将深圳建设成为全国保险创新发展实验区，双方于 2010 年签署了合作备忘录；2015 年，深圳出台《关于加快现代保险服务业创新发展的实施意见》；2018 年，深圳保监局印发了《关于加快推进深圳保险业改革创新的指导意见》。深圳基本形成了地方政府与监管部门紧密合作的保险发展引导政策体系。

在政策落实层面，广州和深圳都站在企业角度，在机构集聚、人才培养、创新项目评选等方面大力简化评审流程，及时发放补助资金，最大限度地降

---

① 深圳 25 家保险法人机构　一季度资产达 4.27 万亿元[N].深圳商报,2018-05-03.

② 资料来源:广州、深圳、宁波三市的银保监局。

低企业成本。同时，宁波国家保险创新综合试验区建设的成功经验也引起了广州和深圳的关注，广州市金融办已经明确表示将学习宁波经验，积极对接粤港澳大湾区建设，争创"保险创新发展试验区"。

（二）上海：政府引导型保险创新机制建立与完善

作为我国改革开放的排头兵与创新发展的先行者，上海承担着多项重大国家战略，包括国际科技创新中心建设、对标最高开放标准的自贸试验区建设以及"一带一路"连接点城市建设等。在服务这些重大战略的过程中，上海自贸区在制度创新上大胆尝试，形成了多个可推广至其他自贸试验区的有效经验。

1. 监管层面

上海保监局先后实施了航运保险产品注册制改革和股权信息登记改革，明确了上海保险市场各个领域的创新重点和工作规划，特别是在中国保监会和上海市政府大力支持下，推动中保投资有限责任公司和上海保险交易所成立，为中国保险业和上海金融市场补齐了保险要素市场这一重要组成部分。

2. 市场层面

针对消费者需求的变化，上海各家保险机构持续创新保险产品和服务。在理赔方面，各家保险机构分别开通了急速理赔、微信理赔等服务，并推出"快处易赔"App，使得轻微事故实现一键完成理赔；在文化产业保险方面，保险机构相继推出了艺术品保险、知识产权保险、会展保险等新险种；在互联网保险方面，保险机构创新推出安心搭车险、养车保胎险等个性化定制业务。

3. 行业层面

上海保险业的一系列创新不仅发挥了保险服务经济社会民生的重要功能，也为保险业发展提供了新的增长动力。截至 2017 年上半年，"银发无忧"项目为上海地区 110 万老年人日常生活保驾护航，累计实现了 1.57 亿元保费收入；"个人医保账户余额购买商业健康保险"项目实施 5 个月，已有4.2 万名上海市居民投保，保费收入接近 3000 万元；"建筑工程质量潜在缺陷保险"实施半年，为上海市全部新建保障房和浦东新区新建商品房加上了

50亿元风险保障"安全锁",也为保险业带来超过2000万元的保费收入。①

4.社会层面

社会治理与民生领域的保险创新,得到上海市相关政府部门和社会各界的广泛重视。2014年,上海市政府发布了落实"新国十条"(《关于加快发展现代保险服务业的若干意见》)的实施意见。随后,《上海市人民政府关于职工自愿使用医保个人账户历年结余资金购买商业医疗保险有关事项的通知》《上海市机动车物损交通事故快速处理实施办法》《关于本市推进商品住宅和保障性住宅工程质量潜在缺陷保险的实施意见》等一系列创新项目的实施文件先后发布,直接推动了相关项目全面落地。上海市检察院、上海市公安局等多个部门先后与上海保监局签订合作备忘录、建立共享机制,共同推进保险政策环境的持续改善。

二、国际案例:保险型城市建设

(一)纽约都市圈:整体化风险保障体系

纽约拥有数千万人口,面临暴雪、飓风、洪灾、地震、恐怖袭击等各种灾害的威胁,逐步建立起包含恐怖袭击、中小企业服务、低收入住房等内容的整体化风险保障体系。

1.恐怖主义风险保险

根据纽约市政府的损失统计报告,"9·11"恐怖袭击所带来的经济损失超过1000亿美元,政府支出也达到数百亿美元,保险业遭受了360亿美元的可保损失,其中航空业和保险业的损失最为严重和直接。②

为应对"9·11"恐怖袭击造成的保险供给紧缩,联邦航空管理局不到两周就实施了航空战争风险管理计划,直接对恐怖主义引发的第三者责任提供保单。2002年11月,《国家安全法案》对飞机受损及旅客伤亡也提供保险保障。到2006年10月1日为止,航空战争风险管理计划给75家航空公司提供了1亿到40亿美元不等的保险保障,保费远低于商业性保险公司类似产品的价格,总保费收入一年大约为116亿美元,而要在商业保险市场获

---

①　高嵩.上海保险业获得金融创新奖创历史新高[EB/OL].(2017-06-27)[2020-05-30].http://insurance.jrj.com.cn/2017/06/27085022659442.shtml.

②　沈蕾.美国的巨灾保险制度及其启示[J].华东经济管理,2008(9):145-149.

得同样的保障,保费要 5 亿美元左右。①

2002 年 11 月,美国国会一致通过《恐怖主义风险保险法案》(TRIA)。TRIA 中规定,商业保险公司要把恐怖主义风险涵盖在保单保障范围之内。另外,TRIA 授权财政部向商业保险公司提供恐怖主义风险的再保险。

2. 低收入购房贷款保险

在美国,中低收入阶层主要通过银行贷款买房。然而,大部分信贷机构考虑到中低收入者还贷能力有限、贷款风险大,一般不愿为其提供住房贷款。为解决贷款信用风险问题,鼓励中低收入群体购买住房,纽约政府建立了一套抵押保险机制,为中低收入者购房提供贷款保险。美国联邦住房管理局为中低收入家庭的抵押贷款提供 100% 的保险,同时规定了抵押贷款保险数额的上限,上限数额每年将依据全国住房市场价格变化和居民家庭收入水平等因素进行调整。另外,购房的中低收入者在享受贷款保险的同时,还可以获得减税、降息等优惠,增强了中低收入者的还贷能力。

由此可见,抵押保险机制的建立,既降低了银行面对的信用风险,也让更多的中低收入者买得起房。为防止民众利用保险抵押贷款购买奢侈住房,成功购房的中低收入者将从政府住房保障体系中退出,避免挤占公共资源。低收入住房抵押贷款保险机制的建立,大大增强了发放贷款银行的信心,使得住房抵押市场健康发展。

3. 风险基金

风险基金是纽约政府为中小企业进行创新活动所提供的专项投资基金。风险基金为中小企业管理提供的融资服务主要有以下三项。

第一,建立中小企业信用担保机制。由中小企业管理局作为担保人,为中小企业提供银行贷款担保。纽约中小企业管理局对 75 万美元以下的贷款提供总贷款额 75% 的担保,对 10 万美元以下的贷款提供总贷款额 80% 的担保,对急需的"快速"贷款提供总贷款额 50% 的担保。②

第二,鼓励创业投资和风险资本促进高新技术企业的发展。1958 年,中小企业管理局建立中小企业投资公司,向中小企业提供风险投资。中小企业投资公司主要通过发放低息贷款、购买和担保购买中小企业公司的证

①　沈蕾. 美国的巨灾保险制度及其启示[J]. 华东经济管理,2008(9):145-149.
②　费淑静. 民营中小企业融资体系研究[M]. 北京:经济管理出版社,2005.

券等方式,帮助中小企业发展。

第三,鼓励中小企业进入资本市场直接融资。为解决美国中小企业的直接融资问题,美国创新了二板市场,为科技型中小企业提供了直接融资的渠道。在纳斯达克市场上,美国最具成长性的公司中有90%以上在二板市场上市。

4.洪水保险计划

纽约的洪水保险计划设立于1968年,该项计划以社区为单位,保障对象为居民、家庭、小型企业的财产。洪水保险计划设立的目的是为消费者提供可以负担得起的洪水保险。

依据洪水保险计划,商业保险公司可以凭借其广泛的营销网络优势,销售洪水保险并收取佣金,但赔付仍由洪水保险计划承担;在损失超过历史平均水平时,有权向财政部进行有息贷款,限额为15亿美元。另外,如果洪水保险计划有更多的融资需要,还会考虑提高贷款限额,或要求提供特别拨款。

(二)佛罗里达:完善的巨灾保险制度

佛罗里达是美国最易遭受飓风袭击的一个州,飓风肆虐给佛罗里达造成了非常惨重的损失,以至于商业性保险机构没有能力提供飓风保障。为此,州政府创立了政策性保险机构,同时参与到提供飓风保障的直接保险和再保险市场。

1.暴风核保协会(FWUA)和住宅财产及意外联合承保组织(JUA)

暴风核保协会(FWUA)是佛罗里达州政府创立的第一个政策性保险机构,涵盖佛罗里达半岛风暴风险,其目标是为佛罗里达州遭受暴风和冰雹袭击的公民提供保障。1992年的安德鲁飓风给佛罗里达州带来巨额损失,在保险偿付之后,有11家小保险公司破产,其他承保人则试图大规模降低他们提供的保障水平。[①]

为了填补商业保险市场服务的空缺,1992年12月,佛罗里达创立了住宅财产及意外联合承保组织(JUA),专门为没有能力通过商业保险市场获取保障的民众提供保险服务。随着商业保险公司的相继破产和商业保险自动减少在佛罗里达的保单,FWUA和JUA的规模迅速得到扩大。在佛罗

① 朱伟忠,吴茜,陈敬元.广东建立巨灾保险制度的可行性研究[J].南方金融,2016(3):72-86.

里达多年没有经历主要飓风袭击之后，商业性保险机构的业务得到一定程度的恢复，并从 JUA 拿回大部分保单。[①]

2.佛罗里达飓风巨灾基金（FHCF）

为鼓励商业性保险机构承保飓风风险，佛罗里达州政府于 1993 年通过立法专门设立了佛罗里达飓风巨灾基金（FHCF），并为在该州经营住房保险的保险公司提供再保险支持，以补偿部分飓风巨灾损失。

FHCF 规定，佛罗里达州总风险暴露超出 1000 万美元的财产保险公司必须向其购买再保险，支付再保险的费率通常是商业再保险市场费率的 1/4～1/3。FHCF 提供的是超额再保险，保额水平分为 45%、75% 与 90% 三种。FHCF 的资金来源主要包括再保险费收入、债券收入以及投资收益。[②]

3.居民财产保险公司（CPIC）

2002 年，FWUA 与 JUA 合并成立了居民财产保险公司（CPIC）。CPIC 成立的目的，是向那些不能从商业保险市场上获得保障的投保人提供保险。截至目前，CPIC 已发展成为佛罗里达州最大的财产保险公司，市场份额占到佛罗里达州财产保险市场的 1/3 左右。

CPIC 将所有的客户划分成三个账户：高风险账户、个人线账户与商业线账户。三个账户独立运作，不能相互弥补损失。为促进与商业性保险机构间的公平竞争，2006 年，CPIC 开始大幅度提高费率。为使保险费率更加接近精算的基础，2010 年，CPIC 进行了费率改革。2012 年开始，CPIC 将保单向商业性保险机构进行转移，其保单规模从 2012 年的 140 万张下降到 2014 年 4 月的 94 万张。[③]

（三）东京都市圈：健全的地震保险体系

日本东京位于环太平洋火山地震带上，为地震高发地带，每年发生有感地震超过 1000 次。日本政府早在 1881 年即提出具体的地震保险方案，目前已经建立起相对健全的地震保险体系。

---

① 曾立新.美国巨灾风险融资和政府干预研究[M].北京：对外经济贸易大学出版社，2008.

② 郭乐乐，佘玲.浅析美国巨灾保险制度[EB/OL].(2011-04-14)[2020-05-30].http://sagj.net/readarticle.aspx? id=19.

③ 吴育苗.巨灾保险框架下政策性保险机构的效率分析及对我国的启示：以美国佛罗里达飓风巨灾保险为例[C]//浙江保险科研成果选编(2014年度).杭州：浙江省保险学会，2015：37-41.

1.健全的保险法律体系

1964 年,日本新潟发生 7.5 级大地震,当地民众损失惨重,以此为契机,日本国会不断建立健全地震保险制度,相继通过《地震保险法》《地震再保险特别会计法案》《地震保险相关法律》《有关地震保险法实施令》等法案。如今,日本已经形成世界上比较健全的地震保险法律体系。

2."政府主导、官民一体"的保险结构

由于地震影响的区域广泛,带来的损害巨大,巨额的保险理赔规模远远超出民间财产保险公司的可承受范围。因此,政府参与其中,并建立起官民一体的再保险地震保险制度,以支持民间财产保险公司。1966 年该制度创立之初,政府担负保险金支付总额的 90%。2011 年日本大地震发生后,为减少民间负担,日本政府前后五次调整再保险制度,政府负担比重不断提高。2016 年,在 11.3 万亿日元赔付总额中,政府再保险负担约 97.3%。①

3.再保险机制

日本已经形成了"官民一体"的再保险制度,地震风险的理赔能力得到显著提升。1966 年 5 月,日本 20 家财产保险公司共同出资成立地震再保险公司,成立的目的主要是针对家庭地震保险提供再保险业务。依照成立时的规定,地震再保险公司对财产保险公司家庭地震保险合约无条件提供全额再保险。除了由地震再保险公司承担一部分赔付责任之外,其余份额将由再保险公司进行分保,其中的一部分向承保财产保险公司进行"再再保险",各个承保的财产保险公司根据地震保险危险准备金规模分配"再再保险"金额的比例,另一部分则向政府进行"再再保险",由国会决定保险的金额与限额。

4.公益性费率设定

根据日本法律,地震保险费率不计入保险公司利润,而且地震保险费在扣除基本经费之后,剩余部分全部计入责任准备金。因此,在震灾发生后,虽然日本的保险公司将地震保险赔付作为承保费用计入损益表,该部分负担额提存为责任准备金,并不影响其财务状况。截至 2015 年 3 月末,日本财产保险公司与再保险公司的地震保险危险准备金累计分别为 747 亿日元、4170 亿日元,政府地震再保险特别会计管理下的政府责任准备金累计

① 刘瑞.日本地震保险经验[J].中国金融,2016(23):83-84.

高达 1.19 万亿日元,合计 1.68 万亿日元,为大规模地震灾害赔付提供了财务保障。[①]

三、保险创新与保险型城市建设的组态分析

为了更好地对保险创新与保险型城市建设的互动关系进行案例分析,本书利用定性比较分析方法(qualitative comparative analysis,QCA)对本节中的六个城市(区域)案例进行组态分析。

（一）分析方法简介

本部分组态分析采用的方法为 QCA,该方法是由 Ragin 在 1970 年率先提出并发展起来的,基于整体论强调解决研究案例的因果复杂性现象,即认为相关案例是由原因条件组成的整体,进而识别条件组态与结果间复杂的因果关系。[②] Ragin 认为,QCA 方法虽然还是主要聚焦于社会学、政治学、教育学、管理学等社会学科开展中小型样本的跨案例定性比较分析,但未来有向大数据发展的趋势。[③] 简言之,与传统的计量经济学方法相比,QCA 不太关心在其他条件不变时特定自变量对因变量的影响,而是关注哪些原因的共同变化会导致相关案例结果的出现。

本部分使用 fsQCA 3.0 软件进行分析,在 Fiss[④] 建议的基础上,将一致性值设定为 0.85,同时参考杜运周和贾良定[⑤]的建议,将案例阈值设定为 1。

（二）数据来源与校准

本部分所有数据均来自本章案例部分,主要研究六个城市(区域):广州、深圳、上海、纽约都市圈、佛罗里达和东京都市圈。主要应用 QCA,以保险创新与保险型城市相互作用程度作为研究核心因变量,并将其与是否为发达国家、城市辐射能级、经济总量、人口规模、保险机构数量、保险市场规

---

① 刘瑞.日本地震保险经验[J].中国金融,2016(23):83-84.

② 杜运周,贾良定.组态视角与定性比较分析(QCA):管理学研究的一条新道路[J].管理世界,2017(6):155-167.

③ Ragin C C. Redesigning Social Inquiry: Fuzzy Sets and Beyond[M]. Chicago: University of Chicago Press,2008.

④ Fiss P C. Building better causal theories: A fuzzy set approach to typologies in organization research[J]. Academy of Management Journal,2011(54):393-420.

⑤ 杜运周,贾良定.组态视角与定性比较分析(QCA):管理学研究的一条新道路[J].管理世界,2017(6):155-167.

模等自变量进行校准。校准结果如表 1-1 所示。

表 1-1　保险创新与保险型城市建设的互动关系

城市 （区域）	相互作用 程度	是否为发达 国家城市	城市辐射 能级	经济总量	人口规模	保险机构 数量	保险市场 规模
广州	0.6	0	0.7	0.6	1.0	0.3	0.4
深圳	0.6	0	0.7	0.6	1.0	0.6	0.6
上海	0.6	0	0.8	0.7	1.0	0.6	0.6
纽约都市圈	0.9	1.0	1.0	1.0	1.0	1.0	1.0
佛罗里达	0.8	1.0	0.6	0.6	0.3	0.3	0.85
东京都市圈	0.8	1.0	1.0	1.0	1.0	1.0	0.9

数据来源：作者根据相关资料整理。

规则校准如下：

保险创新与保险型城市的相互作用程度校准主要基于专家判断，其中，0.6 表示存在一定的互动关系，0.8 表示互动关系较为稳定且有效率；0.9 表示互动关系较理想。

是否为发达国家城市是类别变量，案例中涉及的美国、日本为发达国家，中国为发展中国家。

城市辐射能级的校准主要基于专家判断的对外影响力，世界级城市（如纽约、东京）赋值为 1.0，洲际城市（如上海）赋值为 0.8，全国性核心城市赋值为 0.6，区域型城市群（如佛罗里达）赋值为 0.3。

经济总量的校准主要基于 2019 年该城市或区域的国内生产总值，0.6 表示有一定的经济总量，0.7 表示有较大经济总量，1.0 表示为世界性经济中心。

人口规模的校准基于城市常住人口，除了佛罗里达之外的所有城市常住人口均为千万级别，因此赋值为 1.0，而佛罗里达赋值为 0.3。

保险机构数量的校准主要基于保险总部数量，同时也参考了保险中介机构的数量，其中，0.3 表示保险总部机构较少，0.6 表示较多，0.9～1.0 表示齐全。

保险市场规模的校准则基于保费规模，其中，0.4 表示保险市场规模一般，0.6 表示规模较高；0.85～1.0 表示规模为世界级水平。

（三）组态分析结果

将校准数据进行 QCA 分析，得到了三大组态。

均衡发展型组态：高城市辐射能级＋高经济总量＋高人口规模＋大量保险机构＋高保险市场化水平。这是保险创新与保险型城市互动发展的主要组态，即城市发展推动了保险创新，保险创新也为城市提供了有力的风险保障。保险创新与城市发展之间较强的互动作用，使得保险型城市成为保险创新和城市发展相互协同推动的重要结果。

市场推动型组态：发达国家＋高城市辐射能级＋高经济总量＋非高人口规模＋较少保险机构＋高保险市场化水平。在发达国家，由于社会经济已经发展到了较高阶段，即使保险创新能力不一定较强，但通过高度市场化运营，也能推动保险型城市的发展。

城市推动型组态：非发达国家＋高城市辐射能级＋高经济总量＋高人口规模＋较少保险机构＋非高保险市场化水平。在发展中国家，保险需求主要基于社会经济发展水平的整体提高。

结合前两种组态分析，一个直接的推论是：随着发展中国家（特别是某些经济发展先行地区）初步接近发达地区水平，以保险创新与社会经济发展相互推动的保险型城市建设将成为区域发展的一个重要选项。

（四）基本政策推论

通过案例分析及其 QCA 讨论，可以发现"保险型城市"是我国小康社会建设中值得重视和研究的领域，旨在让保险创新为保障和推动小康社会建设成果发挥更大的作用，为城市风险管理提供更多的工具和手段，使整个城市置于保险保障之中。对于我国处于不同发展阶段的城市来说，通过保险创新来推动社会经济发展具有较为明确的路径选择价值。

1. 较发达的东部沿海大城市

在改革开放进程中，东部沿海大城市已经达到了高水平小康社会建设要求，经济较为发达，社会较为和谐。因此，应借鉴均衡发展的思路，从城市发展的实际出发，坚持问题导向，全面评估城市发展中的各类重大风险因素，利用保险创新，为城市构筑全面的风险保障网，形成保险创新与保险型城市良性互动的局面。

2. 广大的中西部城市

中西部城市的当务之急仍然是大力推进社会经济发展，因此，应广泛借鉴东部沿海城市在保险型城市建设中的有益经验,结合自身实际,推动保险创新服务和支持实体经济发展,为地区社会经济发展奠定坚实的风险保障基础。

第三节　保险创新与保险型城市相互作用经验比较与机理分析

在上一节介绍广州、深圳、上海、纽约都市圈、佛罗里达、东京都市圈等六个城市(区域)保险创新与保险型城市发展成功做法和组态分析的基础上,本节旨在剖析保险创新与保险型城市相互作用的经验与机理。

一、保险创新与保险型城市相互作用的经验比较

(一)国际经验

人均国内生产总值是评判一个国家或地区社会经济发展水平的重要指标。保险深度、保险密度则是评价一个国家或地区保险业发展水平的重要指标。保险深度是指某地保费收入占该地国内生产总值(GDP)之比,反映了该地保险业在整个国民经济中的地位。保险密度是指按当地人口计算的人均保险费额,反映该地国民参加保险的程度。本章将世界主要经济体的保险深度、保险密度与人均国内生产总值分别进行对比(见图1-1),结论如下。

第一,一个国家或地区的保险业发展水平与其社会经济发展水平同向变化。无论是保险深度还是保险密度,都与人均国内生产总值密切相关,呈现出较为明显的正相关性,即随着人均国内生产总值的提高,保险深度和保险密度均呈现明显的上升趋势。

第二,与保险深度相比,保险密度与人均国内生产总值的正相关性更为显著。这表明保险业规模在整个国民经济中的份额具有一定的规律,达到一定社会经济发展程度后其上升态势逐渐平缓。但是随着人口老龄化、延迟退休、产业升级等宏观社会经济要素的改变,人均保险需求将持续提高。

第三,保险发展必须与所在国家或地区的风险状况相适应。保险发展的终极目标是为整个社会经济提供风险保障。以斯堪的纳维亚国家以及瑞士、列支敦士登等为例,虽然这些国家社会经济发展水平较高,但商业保险

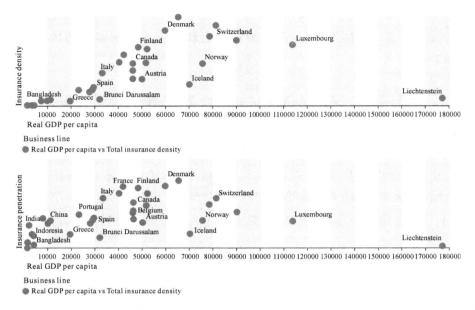

图 1-1 社会经济与保险发展的国际比较

(资料来源:瑞士再保险公司数据库,https://www.sigma-explorer.com/)

规模相对不高,究其原因,是这些国家的自然灾害、社会治理、民生保障等层面的重大风险发生频率相对不高,商业保险无须更多介入。

(二)国内省际比较

利用国家统计局有关数据,将我国各省(区、市)2019 年 GDP、常住人口以及保费收入等指标进行分析(见图 1-2、图 1-3),结果表明:我国社会经济与保险发展的相关特征进一步验证了国际经验。

图 1-2 显示,我国各省(区、市)的保险密度与人均国民生产总值之间呈现显著的线性相关关系。依据人均国民生产总值与保险密度的相关性,全国各地区可以大体分为两类:第一类是人均国民生产总值在 8 万元以内的地区,其保险密度在 3000 元左右;第二类则是以浙江、广东、江苏以及北京、上海为代表的东部沿海较发达地区,人均国民生产总值普遍超过 10 万元,保险密度随着人均国民生产总值的提高而持续攀升。

图 1-3 显示,我国各省(区、市)保险深度与人均国内生产总值基本没有线性相关关系。无论人均国内生产总值如何变化,各地区的保险深度均维持在 4% 左右,这反映出我国保险产业对于国民经济的保障作用仍然有待提高。

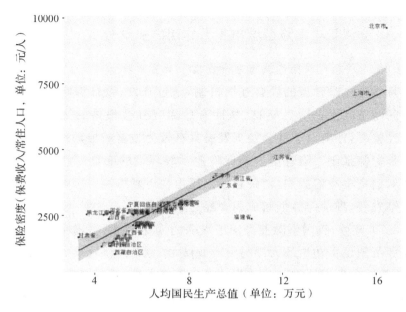

图 1-2　社会经济与保险发展（保险密度）的省际比较

（资料来源：国家统计局，http://data.stats.gov.cn）

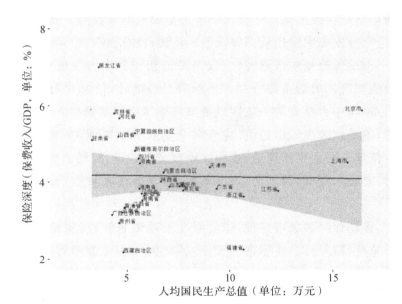

图 1-3　社会经济与保险发展（保险深度）的省际比较

（资料来源：国家统计局，http://data.stats.gov.cn）

二、保险创新与保险型城市相互作用的机理分析

(一)保险创新为保险型城市建设提供了必要手段

保险作为风险管理的社会互助机制,通过开发、设计保险产品,实现风险在时间与空间上的分散转移,从而有效提升社会整体的风险抵御能力。从历史经验看,保险对于社会经济发展具有较为显著的推动作用,经济强国几乎都是保险强国。随着国内外保险业发展环境的变化,当前中国保险市场所面对的竞争空前激烈,消费者的期望也在不断提高。因此,实现保险业的可持续发展,推动保险创新成为必经之途。

1980年至今,我国保险业经历了显著的变化,保险市场主体不断增多,保险业务范围也由初始的人寿与财产领域,拓宽至经济社会、民生保障等各个领域,为城市发展提供了整体化的风险管理方案,不断提升整个城市的抗风险能力,并形成了一批极具特色、可持续且可供复制的保险创新成果,推动着保险型城市的形成与发展。

(二)保险型城市建设为保险创新指明了发展方向

保险创新是保险型城市形成与发展的重要战略支撑点。推进保险型城市建设,应充分发挥保险创新在保险型城市建设中的核心带动作用。

第一,推动保险型城市建设,应以保险创新发展作为发展核心,进一步明确保险型城市发展的主导方向。不断满足智能化、信息化与个性化的发展需要,注重与中央政策的一致性以及与其他城市间的错位发展。

第二,推动保险型城市建设,应着眼全要素资源集聚,实现创新资源集聚效应。依据全要素生产理论,推动保险型城市建设,实现创新要素聚集效应,不仅需要投入资源、劳动力、资本等要素,还要注重科技、管理等要素的投入。

第三,推动保险型城市建设,应着眼全过程创新管理,实施创新流程管理创新。坚持目标导向,注重指标设定,强化创新各环节的管理,以实现投入产出最大化。一方面,以市场导向为基础,兼顾经济社会发展指标,从价值创造角度进行综合评价;另一方面,综合考虑创新型城市建设的地方化特色,在绩效管理中赋予个性化创新指标权重。

第四节　保险创新与保险型城市发展趋势

随着社会经济的不断发展以及信息科学技术的进步,保险业发展面临新的契机,保险创新和保险型城市建设在互动发展中呈现出若干新趋势。

一、保险业发展迅速,为保险型城市建设提供了有力支撑

目前,保险发展呈现出三大特点。

第一,保险业规模持续提高。据相关数据统计,1980 年全球保费收入仅为 0.47 万亿美元,1990 年增长至 1.41 万亿美元,2010 年为 3.43 万亿美元,2016 年增长为 4.73 万亿美元,2018 年首次突破 5 万亿美元(为 5.19 万亿美元),占全球 GDP 的 6%[①],创历史新高,呈现出持续增长的势头。

第二,保险市场竞争加剧,出现大规模的兼并收购行为,开始走向混业经营阶段。面对业内不断加剧的竞争态势,保险业一方面通过行业内的兼并收购,扩大生产经营规模,实现规模经济;另一方面通过与银行、证券业的相互融合,为消费者提供综合性金融服务,实现范围经济,不断增强竞争实力。保险业和银行、证券业的融合发展,使得保险业的服务范围得到极大拓展,混业经营逐渐成为保险业发展的主要趋势。在此背景下,目前国内大型保险集团既经营寿险业务,又经营非寿险、资产管理等业务,开始向“金融超市”发展。

第三,保险科技快速发展。近年来,随着大数据、人工智能、区块链等新兴技术的出现与发展,保险科技发展迅速,保险业与科技的融合成为保险业发展的常态。据《2017 年中国保险科技行业投融资报告》统计数据,2012—2017 年,国内保险科技的创业公司成立 200 余家,保险科技行业发生的私募股权交易额超过 113 亿元。未来的保险将是保险与科技的高度结合,即大数据、人工智能、区块链等关键技术与保险产品研发管理等不同环节相互融合,推动国内外保险业的全流程创新。新兴科技的融入,推动了保险业的转型升级,在优化升级行业标准、拓展产品服务范围以及提升行业的整体风险管控能力的同时,引领保险业朝着科技化、智能化以及绿色化方向发展。

---

① 谭乐之.瑞再:去年全球保费首破 5 万亿美元[N].中国保险报,2019-07-15.

面对来自全球市场的多样化、个性化需求,保险公司需要把握技术创新的趋势,抓住保险业发展的新机遇。

随着保险发展的不断深化,各类保险创新不断涌现,这为保险型城市建设提供了广阔的舞台,有利于保险深度服务社会经济发展。

二、巨灾发生频繁,保险型城市建设面临动态挑战

近年来,全球范围内的巨灾层出不穷。以地震、飓风、洪涝等为代表的自然灾害,其发生频率和损失严重程度持续攀升。以"新冠"肺炎疫情为代表的公共卫生安全灾害,其传播速度、危害程度和影响广度超出了所有人的预期。此外,还有以"9·11"恐怖袭击为代表的人为灾难、以2008年美国次贷危机为代表的经济海啸灾难等。

面对上述巨灾,世界保险市场有效承保能力已经严重不足,保险业在应对巨灾的过程中遭遇发展瓶颈,面对严峻挑战。一方面,巨灾风险带来的损失巨大,严重超出了保险业经营主体自身资本可承保的范围;另一方面,由于保险人对巨灾风险的风险评估能力有限,不敢贸然参与到巨灾风险市场之中。

由此可见,在保险型城市建设中,必须要对上述巨灾做出有效的结构化安排。显然,传统保险市场已经无能为力,因此必须考虑进行必要的保险创新,应对保险型城市建设中的巨灾风险。

三、保险监管变革,推动政府与市场合力建设保险型城市

过多的金融管制不利于金融效率的提升,金融市场化已经成为国际金融市场发展的主流趋势。与此同时,保险业市场化正在成为全球保险业发展的主流,各国监管机构对保险经营主体运营管理的直接干预正在逐渐减少,监督管理由事前转向事后。为赋予保险经营主体更多的创新自主权与创新空间,各国不断激励保险创新发展,提高保险市场的开放度;逐渐降低市场准入门槛,并减少审批环节、简化审批手续;以事后备案制度取代保险条款和费率的事前审批制度;鼓励保险公司采用新型的、多元化的营销渠道;不断放宽保险资金的投资领域;等等。

保险又具有鲜明的公共外部性特征,如果完全采用市场机制,有可能会出现典型的"市场失灵"。在此背景下,基于政府与商业保险企业合作的

PPP 模式（public private partnership）应运而生，在医疗保险、农业保险等领域被广泛使用。发达国家的商业医疗保险与公共保险计划共存，并形成基本保障（如比利时）、替代保障（如英国）、补充保障（如法国）、附加保障（如加拿大）。另外，许多国家的农业保险计划也采用了政保合作模式，例如，墨西哥政府不仅提供保费补贴，还通过墨西哥农业保险公司提供再保险。

因此，随着保险监管变革，政保合作模式将不断创新，政保合作规模将日益扩大，从而为保险型城市建设提供更为稳妥可靠的制度创新，满足城市高水平发展的需求。

第二章　宁波保险创新推进保险型城市建设实践与发展战略

改革开放以来,宁波社会经济发展迅猛,在经济发展、社会治理和民生保障等层面的全面风险管理需求也日益增加。为此,宁波率先大规模探索保险创新在经济发展、社会治理和民生保障等领域的应用。经过艰苦摸索,宁波的各项保险创新项目取得了显著成效,获得了社会的广泛认可,并于2016年获批全国唯一的"国家保险创新综合试验区"(以下简称综试区)。综试区为宁波保险创新插上了腾飞的翅膀,保险创新有力推动了宁波保险型城市建设。本章将在总结宁波保险创新特征、经验以及面临的制约的基础上,从综试区建设目标和地区社会经济发展需要出发,重点阐述宁波保险推进保险型城市建设的总体思路和保障举措。

第一节　宁波保险创新特征与经验

自2008年始,宁波在全国率先大规模探索保险创新,在经济发展、社会治理和民生保障等层面加大政策扶持力度,为充分实现保险"社会稳定器"和"经济减震器"的核心职能打下了坚实的基础,获得了社会的广泛认可。截至2019年年末,宁波共推出各类保险创新项目190余项,为全国提供了许多可复制、可推广的保险创新经验。本节将全面梳理宁波保险创新特征与经验,为后续研究宁波保险创新推进保险型城市总体思路与保障举措奠定基础。

一、宁波保险创新特征

(一)保险创新为经济提供了转型升级动力

保险服务实体经济的手段主要包括两方面:一是研发保险产品,为企业提供涵盖产品研发、规模生产、资金融通、人力资源管理等整个经营过程的风险管理解决方案;二是利用保险资金投资期限长、回报稳定的特点,为地方提供大规模建设资金。宁波保险创新为实体经济提供了多个保险创新,有力支持了企业发展,同时也加大了保险资金引进力度,为宁波经济发展提供了重要的资金保障。

1. 城乡小额贷款保证保险

根据 2013 年经济普查数据,宁波共有各类企业 149739 家,其中小微企业 144591 家,占比 96.56%;各类企业从业人员期末人数为 4682316 人,女性为 1642606 人,其中中小微企业从业人员为 2612019 人,女性为 1044675 人,占比分别为 55.78% 和 63.60%。这表明宁波经济的主体是中小微企业,中小微企业吸纳了一半以上的就业人口,吸纳了 63.60% 的女性就业人口,可以说中小微企业的发展更加关系到宁波社会的长治久安。目前,宁波小微企业发展还存在很大的问题,典型表现就是融资难和融资贵。产生融资难、融资贵的原因主要有两个:一是企业运营不规范,银行不敢贷;二是小微企业抵押担保选择面窄,经济下行又使得企业盈利能力下降,企业同样不敢贷。可以说,宁波小微企业融资难不仅制约了企业发展,而且使得宁波宏观经济转型发展困难重重。

在此背景下,宁波保险公司在政府的支持下,创造性地研发了"城乡小额贷款保证保险"及配套的小额信贷产品,具体做法包括以下五个方面。

第一,支持对象明晰、融资成本可控。城乡小额贷款保证保险的扶持对象明确为初创期小企业、城乡创业者(包含个体工商户)和农业种养大户,主要针对上述客户的生产经营融资需求而开发的无抵押、无担保小额贷款信用保证产品,支持金额分别为 300 万元、100 万元、50 万元,保险期限最长为一年。扶持对象的融资成本由银行贷款利率、保证保险费率及附加性保险费率(如借款人人身意外伤害保险、定期寿险等基础性保险)三部分组成。贷款利率最高不超过同期基准利率上浮 30%,保证保险保费及附加性保险费率合计目前维持在贷款本金的 2.4% 左右。

第二,共保经营、共担风险。由人保、太保等实力强、信誉好的保险公司创立共保体,支持优势企业内部设立专业化的小额贷款运营机构。同时强化内控机制建设,专营机构拥有贷款发放的一票否决权,并在贷款逾期率达到 6%~10% 或赔付率超过 150% 时,有权停办此项业务。共保体的模式有利于规范产品费率、统一资信标准、集中优势人才,提高了承保能力,分散了经营风险。

第三,银保合作、双向风控。对于抵押担保不足、有生产经营资金需求的目标客户,银行和保险双方都可交叉发起业务申请受理,保险公司对业务进行资信调查,对于符合投保条件的客户,审批通过后,交由银行进行授信审批。当银行授信审批完成后,客户缴纳保险费,保险公司核保通过后,银行可依据保险单发放贷款,保险承保金额与银行贷款金额相同。

第四,高效协同、多方共赢。从操作受理时效上来看,保险机构从尽调开始到审批结束,一般只需要1~3个工作日,存量业务最快仅需要1个工作日,远优于银行操作效率。当借款人不能正常还款时,保险公司行使代位追偿权,借助法律诉讼、调解等形式进行追索。

第五,政策精准匹配。为了适应小额贷款保证保险发展,宁波陆续出台了《关于开展城乡小额贷款保证保险试点工作的实施意见》等一系列政策,同时建立超赔基金、借款人失信惩戒机制、追讨"绿色通道"等多个配套性制度安排,严厉打击恶意骗贷行为。

小贷险是政府财政资金使用实现高绩效的一个创新产品,自开办至2019年年底,已支持宁波中小微企业及"三农"客户2万家次,贷款金额逾200亿元。业务总体经营稳健,风险可控,保持了规模和效益的稳步发展,基本达到盈亏平衡,盈利符合政策预期。小贷险"宁波经验"已在北京、上海、广州、深圳等超过26个省市加以复制推广。

2.农业保险

政策性农业保险通过政府财政补贴和向农业生产者支付小额保险费的方法,把农业生产过程中由于自然灾害、疫病传播等风险造成的损失转移给保险公司,在分散农业风险、补偿农民损失等方面发挥着重要作用。

宁波按照"支农惠农、量力而行、风险可控、规范经营"的总体思路和"政府引导、市场运作、自主自愿、协同推进"的原则,协调推进全市农业保险业务健康发展,不断创新推动农业保险发展,包括气象指数保险、价格指数保险、产量保险等在内的一批险种相继问世,推出茶叶、杨梅、柑橘、枇杷、梭子蟹、榨菜等特色农产品气象指数保险产品,有效提升支农惠农水平。

2013—2019年,宁波市政策性农业保险已累计向全市超过100万农户提供了286.7亿元的风险保额,累计向全市18余万参保农户支付了7.69

亿元赔偿款,简单赔付率接近 95%。

2017 年,宁波市政策性农业保险工作协调小组下发了《关于做好 2017 年度政策性农业保险工作的通知》(甬农保〔2017〕2 号),对 2017 年度宁波市政策性农业保险工作有关政策予以明确。市财政对农业保险从保费补贴、再保险费用补贴、新险种开发补助等方面予以支持。

(二)保险创新为社会提供了现代治理工具

当前,在社会治理层面,治理难点、痛点层出不穷,医患纠纷、食品安全等已成为人民群众普遍关心的问题,对社会治理提出了新要求。宁波以社会痛点为导向,持续推出了医疗责任保险、食品安全责任保险、电梯责任保险等多个创新项目,使保险成为社会治理的有效工具,以较低的制度成本获得了较高的社会治理效益。

1.医疗责任保险

2008 年 3 月,宁波市启动了医疗责任保险(以下简称医责险)试点,在防范和化解医患纠纷、保护医患双方合法权益、服务社会管理方面进行了有益的尝试和探索,获得了广泛的认可。宁波市医责险有两个鲜明的特点。

第一,具有坚实的立法依据。2007 年,宁波市人民政府发布《宁波市医疗纠纷预防与处置暂行办法》;2011 年,在认真总结《宁波市医疗纠纷预防与处置暂行办法》已有成效的基础上,出台了《宁波市医疗纠纷预防与处置条例》,明确提出"公立医疗机构应当按照国家、省和本市有关规定参加医疗责任保险。鼓励其他医疗机构自愿参加医疗责任保险",这为宁波医责险发展提供了坚实的政策保障。

第二,具有较好的制度设计。一方面,政府引导经营稳健且具有社会担当的保险公司共同成立了医责险共保体,共同为医患纠纷提供风险保障。另一方面,行业协会利用自身行业管理能力,选调和招聘了一批具有医疗、保险、法律等业务经验的优秀人才,充实到理赔服务一线。同时,医责险还与医疗纠纷人民调解委员会密切合作,对于具有较大社会影响的理赔,把工作做在前面,切实保障人民群众的利益。

截至 2019 年,医责险已经向下延伸至村级卫生院,为近 900 家医院和社区卫生服务站提供保险保障超过 5 亿元,累计调解医患纠纷近 8000 起,纠纷处置成功率超过 93%。

2.公共性食品安全责任保险

宁波公共性食品安全责任保险(以下简称食责险)由地方政府出资购买,保障对象主要包括在中小学(含幼儿园)食堂、养老机构食堂、农村聚餐点、工地食堂、经营面积较小的餐饮店、各类正规菜市场等场所购买食品的消费者。一旦发生食品安全事故,即出现食物中毒症状及符合医院确诊等条件,责任事故受害人可按照保险责任获得每人最高15万元的经济补偿。食责险已于2016年年底覆盖宁波全市,并于2017年8月底完成了慈溪、余姚、奉化、宁海、象山、北仑、镇海等多个食责险分中心的设置,将全市居民均纳入保障范围。该险种的基本实施逻辑概括如下(见图2-1)。

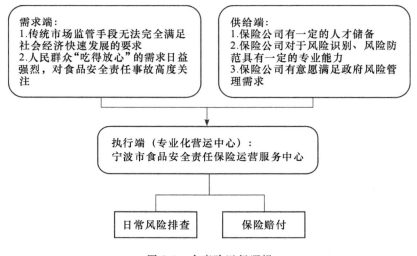

图2-1　食责险运行逻辑

需求端:随着社会经济发展,市场监管部门如果沿用传统的监管模式,由于人力、技术等手段的欠缺,无法对食品安全进行大范围、大规模、大批量的监管。同时,近年来一系列重大食品安全事故的发生,也让广大人民群众深受其扰,极大削弱了人民群众的幸福感和获得感。

供给端:保险公司经过多年发展,已经在风险调查、损失查勘、理赔服务等层面进行了必要的人才储备,同时也可以通过市场手段整合相关资源。在此基础上,保险公司完全可以通过产品创新和服务创新,对食品安全风险提供日常监督和损失补偿,成为市场监管部门的有力补充。

执行端:由于食品安全责任具有较强的专业属性,保险公司应成立专业化的食责险运营中心,从而实现食责险的复制推广。

食责险是"保险＋服务"理念的典型应用,其应用场景主要包括:在出现食品安全责任事故情况下,受害群众可以获得保险公司的及时理赔;在日常监管情况下,保险公司协助监管部门实现常规例行检查并及时上报潜在风险点。

3.电梯安全综合保险

与食责险的运营机制较为相似,电梯安全综合保险同样引入了"保险＋服务"机制,在为电梯运行事故提供保险保障的同时以市场手段进行事前防控,有效降低事故发生率。

在电梯日常维保过程中,维保单位通过中国人保自主研发的"电梯卫士"手机 App 系统与后台运行监督系统,按照国家相关标准完成维保工作,运用信息化管理系统提供维保质量监督和管理服务。保险公司作为电梯安全风险的管理方、监控方和保障方,主动控制风险预防工作,督促维保单位执行统一严格的标准,监控运行风险并及时处理。如发生电梯安全事故,造成乘坐人员的人身伤亡及财产损失,保险公司直接进行经济赔偿。每人最高可赔偿 100 万元,每部电梯累计最高可赔偿 2000 万元。

商业性电梯责任险 2015 年 2 月即在宁波实施,目前此项制度已覆盖鄞州区(含原江东区)、海曙区和江北区,约 1707 部电梯参保。2016 年 9 月,鄞州试点电梯安全综合保险,按照"政府推动,市场运作;试点先行,分步推进;立足当前,突出实效"的总体目标与基本原则,首批 5 家维保单位、9 家物业单位、26 个住宅小区的 700 余部住宅电梯纳入试点工作,鄞州区人民政府对保险费及维保费用予以一定的补贴,试点成熟后在全区及全市推广。

4.城镇居民住房综合保险

2015 年 6 月,镇海区政府与人保财险率先合作推出镇海区城镇居民住房综合保险,标志着全国首例区域性城镇居民住房综合保险正式落地。根据该保险,居民因房屋倒塌造成的人身伤亡、房屋损失及安置费用或因危房撤离发生的临时安置费用,将从由政府主导、保险公司承保的政策性保险中获得理赔补偿。

保险责任范围主要由城镇居民住房保险和公众责任保险两部分组成,保障范围为因保险房屋整体倒塌造成的人员伤亡。宁波市镇海区城镇居民住房综合保险是全国首单通过政府指导、财政出资,覆盖全辖区住房保障的综合保险。这次试行城镇居民住房综合保险,在全国范围内开创了城镇居民住房综合保险的先河。

2016 年,该险种已实现全市覆盖,约 2.5 万幢老旧房屋参保,提供风险保障金 870 亿元,受惠群众近 100 万人。截至 2019 年年底,保险机构已累计巡检房屋 1.5 万余幢,发现险情近 5 万处,撤离 3 幢,累计赔付已经超过 900 万元。

(三)保险创新为民生提供了风险保障体系

改革开放以来,宁波社会经济快速发展,居民生活水平持续提高,民生保障需求已经远远超出社会保险等政策性措施的保障范围,对政府的民生服务工作提出了更高的要求。为此,近年来宁波各级政府积极利用保险创新,为解决民生保障工作中的难点和痛点提供了可复制、可推广的"宁波样本"。

1.巨灾保险

宁波地处东部沿海地区,经济较为发达,台风、洪水等重大自然灾害以及各类生产责任事故的发生较为频繁,对人民的生命财产安全造成巨大的危害。2013—2019 年给浙江造成较大损失的台风如表 2-1 所示。以 2013 年 10 月 7 日在福建登陆的超强台风"菲特"为例,这场台风给宁波带来了超大降水量,全市过程雨量超过 400 毫米,余姚 496 毫米,局部地区 700 毫米。截止到 10 月 9 日,损失最为惨重的余姚,降雨量为 7.51 亿吨,相当于 68 个西湖的水量一下子倾倒在余姚,姚江水位达到 60 年最高,余姚主城区 70% 以上的区域成为孤岛。据不完全统计,这场水灾给宁波带来的直接经济损失超过 330 亿元,占当年宁波 GDP 的 4.7%。

表 2-1　2013—2019 年给浙江造成较大损失的主要台风

年份	台风名	登陆次数	登陆省份	登陆时强度等级
2013	菲特	1	福建	强台风(14～15 级)
2014	杜鹃	2	台湾、福建	强台风(14～15 级)
2016	莫兰蒂	1	福建	超强台风(≥16 级)
2018	山竹	1	广东	强台风(14～15 级)
2019	利奇马	3	浙江、山东	超强台风(≥16 级)

为此,2014 年年初,宁波启动巨保险制度研究,相继出台了《宁波市巨灾保险试点工作方案》和《关于开展巨灾保险试点工作的实施意见》,从政策层面确定了保险在政府应急管理中经济补偿和救灾服务的基本定位,使宁波成为全国首批巨灾保险试点城市。在具体实施中,宁波市巨灾保险制度主要采用了"政府＋市场"的实施模式,宁波市民政局作为投保人出资购买保险,商业保险机构承保负责经办运营,具体实施情况如表 2-2 所示。

表 2-2 宁波巨灾保险实施概况

保险期限	2015 年	2016 年	2017 年	2018 年	2019 年
投保人	宁波市民政局				
被保险人（受益人）	宁波市行政区域内 390 万户常住居民家庭财产和 1000 万人员（包括常住人口和流动人员）				
保费规模	约 3800 万元/年		约 4000 万元/年		
保费责任	由台风、强热带风暴等灾害及其引发的突发性滑坡、泥石流、水库溃坝等次生灾害造成的居民人身伤亡抚恤及家庭财产损失： (1)人身伤亡抚恤金最高为 10 万元。 (2)住房进水 1.0～1.5 米的 1000 元,1.5 米以上的 2000 元。每户年度累计赔付最高 2000 元。 (3)救灾安置赔付标准为每人每天 90 元。		在原有保险责任基础上逐步增加了重大公共安全事故、暴雪、雷击等： (1)人身伤亡抚恤金最高为 20 万元。 (2)住房进水 0.2 米以上就可以获得 500 元救助赔付,0.2～1.0 米的 1000 元,1.0～1.5 米的 2000 元,家里进水 1.5 米以上可获救助赔付 3000 元。每户年度累计赔付最高 3000 元。 (3)救灾安置赔付标准为每人每天 150 元。		
赔付情况	6 次大面积理赔(台风)； 14 次较小规模的自然灾害理赔(含 1 次公共安全事故理赔工作)； 近 21 万户受灾家庭获得 1.22 亿元的赔款。				

2.保险互助社

在保险创新中,政府尊重和重视人民群众的首创精神,借助保险组织机构创新,满足人民群众自我管理和自我服务的需求。早在 2011 年,宁波就设立了全国首家农村保险互助社——慈溪市龙山镇伏龙农村保险互助社。2013 年,原有村级互助社试点模式被提升至镇一级,试点区域扩展到龙山镇金岙村等 8 个村,同时在龙山镇专门设立了镇级农村保险互助联社。2017 年,慈溪市政府与众惠财产相互保险社签订战略合作协议,双方拟就农村相互保险试点深化工作开展合作。

互助保险不仅是保险服务模式的创新，有助于提升保险服务质量，更是农村治理模式、基层组织建设的创新，对于和谐社会建设、新型城镇化建设、城乡一体化建设等都具有重要意义。截至 2019 年年末，互助保险社覆盖慈溪市 9 个村，村民主动参保意识不断增强，村民投保率从最初的 30% 递增到 50%，首家试点的伏龙村民投保率达 100%。保障范围也从家庭财产险、人身意外险拓展到了大病医疗补充保险。互助社已累计赔付 376 次，赔付金额超过 76 万元，其中家财险受益 1.55 万户次、意外险受益 3.56 万人次、补充医疗保险受益 0.37 万人次，为参保社员提供风险保障金近 16.4 亿元。

3. 宁波职工普惠保险平台

国家始终重视普惠保险发展，2015 年 8 月，中国保监会印发《个人税收优惠型健康保险业务管理暂行办法》，开始试点税优健康险，宁波是全省率先开展试点的城市。目前，宁波共有中国人寿、平安人寿、新华人寿等 6 家保险机构推出了健康险税优产品，累计承保 1680 人次，提供保额 3.98 亿元。

在国家宏观支持的背景下，宁波针对现有家庭风险特点，主动研发类似的普惠保险产品，并在此基础上创设了"宁波职工普惠保险平台"。该平台是宁波市总工会为宁波 300 多万名工会职工打造的自主购买优质保险产品的服务通道，旨在通过保险服务供给方式的创新，压缩保险销售成本、提升服务品质，促进职工第三支柱保障体系完善，让广大职工分享保险创新的成果。

目前，该平台已经上线了人身意外伤害保险、医疗保险、重大疾病保险等三大类保险产品，其中的创新产品"宁波医保账户指定重大疾病保险"因其费率低廉、保障合理赢得了投保人的广泛欢迎。同时，平台还组建了志愿者队伍，通过"进企业、进工会、进机关"活动，让职工"学保险、懂保险、用保险"，完善职工家庭风险保障体系。

4. 弱势群体补充保险

为了解决低收入群体、特殊的独生子女家庭、残疾人、孤儿（困境儿童）等弱势群体抗风险能力不足的问题，宁波市政府和保险机构合作研发了残疾人补充医疗和意外伤害保险、低收入户医疗保险帮扶项目、重特大疾病保障工程、计划生育特殊家庭综合保险、孤儿(困境儿童)综合救助保险等多个综合险种。上述险种所需保费一般由财政出资,并鼓励社会公益资金参与,同时对新增弱势群体实施动态参保,填补了政策空档。

截至 2019 年年底,已累计为全市近 37 万名残障人士、2 万户独生子女家庭、1.6 万余名困难群众、600 多名孤儿(困境儿童)提供了超过 10 亿元的保险保障。目前,宁波市的残疾人补充医疗等险种已覆盖鄞州、余姚、镇海、慈溪、北仑、奉化等区县(市),通过实施普惠基础上的特惠政策,基本消除了残疾人等弱势群体因病致贫、因病返贫的现象。

(四)保险创新为保险行业的跨越发展提供了契机

保险创新不仅为社会经济发展提供了风险保障,也为保险行业的跨越式发展奠定了良好的社会基础。很多保险创新与社会经济发展息息相关,人民群众能真实地从保险创新中得好处、得实惠,由此加深了政府、企业、家庭对保险的认可,推动了宁波保险产业自身的发展。

1. 保险主体数量稳步增加

截至 2019 年年底,宁波保险市场共有分公司以上保险机构 55 家,其中财产保险公司 31 家(外资公司 3 家)、人寿保险公司 24 家(外资公司 7 家)。同时,宁波重视打造保险"全产业链",积极吸引保险代理、保险经纪、保险科技等中介和科技服务企业在国家保险创新产业园集聚发展。截至 2019 年年末,有 30 多家创新型、专业型、特色型保险和非保险法人机构相继在国家保险创新产业园设立,全市保险产业中介机构已由 2015 年的 45 家增加到 2019 年的 102 家。

2. 保险规模持续扩大

近年来,宁波保费收入由 2012 年的 164.71 亿元增加到 2019 年的 375.83 亿元,年均复合增长率超过 12%。其中,财产险保费收入由 2012 年的 86.23 亿元增加到 2019 年的 165.55 亿元,年均增长率接近 10%;人身险保费收入由 2012 年的 78.48 亿元增加到 2019 年的 210.82 亿元,年均复合增长率更是高达 15%。2019 年,财产险保费收入占全市总保费收入的 44%,人身险保费收入占全市总保费收入 56%,具体的规模和增速数据见表 2-3 与图 2-2。

表 2-3 2012—2019 年宁波保费收入规模   单位:亿元

年份	保费收入			赔付支出		
	总额	财产险	人身险	总额	财产险	人身险
2012	164.71	86.23	78.48	64.27	51.91	12.37
2013	185.50	96.84	88.66	103.91	89.54	14.37
2014	206.97	111.57	95.40	94.67	73.97	20.70
2015	228.25	121.29	106.96	106.60	78.13	28.48
2016	257.56	127.22	130.34	115.35	78.97	36.38
2017	302.95	138.93	164.02	113.32	80.70	32.62
2018	320.59	152.84	167.75	130.08	96.25	33.83
2019	375.83	165.55	210.28	147.70	108.60	39.11

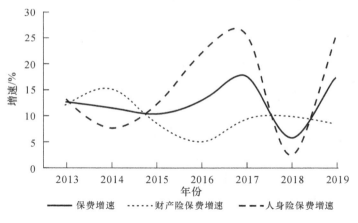

图 2-2 2013—2019 年宁波保费收入增速

3.保险深度与保险密度增速较快

保险深度与保险密度反映了一个地区保险发展对社会经济的保障程度。2012 年以来,宁波保险密度基本保持在全国水平的 2 倍左右,但保险深度一直处于全国平均水平之下。2019 年,宁波保险密度为 6176 元/人,全国仅为 3046 元/人,宁波比全国整整高出 1 倍;宁波保险深度为 3.14%,全国则达到了 4.3%,宁波与全国差距超过了 1 百分点,具体数据见表 2-4。

表 2-4　**2012—2019 年全国与宁波的保险深度和保险密度**

		2019 年	2018 年	2017 年	2016 年	2015 年	2014 年	2013 年	2012 年
保险深度/%	全国	4.30	4.22	4.42	4.16	3.54	3.14	2.92	2.87
	宁波	3.14	2.98	3.08	3.02	2.85	2.72	2.60	2.50
保险密度/元	全国	3046	2724	2632	2239	1766	1479	1266	1144
	宁波	6176	5317	5075	4358	3891	3545	3197	2851

注:宁波保险密度计算中使用的是户籍人口数。

二、宁波保险创新经验

(一)保险创新要与区域社会经济发展阶段相适应

第一,宁波保险创新实践具有一定的历史必然性。宁波率先开展保险创新得益于深厚的保险文化积淀,同时也与宁波外向型经济发展有密切的关系。从历史上看,宁波保险产业发展已有 160 多年,宁波商人签署了中国历史上第一份航海保险合同。而且,宁波是中国第一批保险公司的创办城市。在改革开放新时代,宁波走上了外向型经济发展之路。当宁波社会经济发展出现重大风险时,政府和企业最先想到的是以保险为代表的市场化解决方案。以小额贷款保证保险为例,催生该险种的主要背景就是 2008 年美国次贷危机以后,宁波外向型企业遭遇经营困境。宁波市政府在广泛调研的基础上,仅仅用了几个月的时间就完成了产品设计和应用。

第二,社会经济的快速发展极大地推动了宁波社会治理理念升华。当前,宁波社会治理理念较为超前,对于公共性重大风险愿意花精力、付代价地制定综合化风险管理体系,同时密切关注风险动态,及时调整保险策略。以巨灾保险为例,在 2013 年"菲特"台风给宁波造成了重大经济损失后,宁波市政府痛下决心推出巨灾保险。最初巨灾保险只涵盖台风和暴雨,后来又及时借鉴天津港爆炸等经验教训,逐步将保险责任拓展到更多领域。2020 年"新冠"肺炎疫情暴发,宁波马上进行调研,在最短的时间里设计和推出了复产复工保险。

第三,人民生活水平提高也对保险发展提出了更高的要求。2019 年,宁波人均国内生产总值(按当年户籍人口计算)接近 20 万元,折合约 3 万美元,全市的全部单位从业人员平均工资 76282 元,折合超 1 万美元,这表明宁波社会经济发展程度相对较高,为宁波保险创新和保险消费升级奠定了经济基础。

(二)"政保合作"是保险创新的主要推动力量

目前,宁波保险创新项目的主要实施手段为政保合作,其基本形式主要有三类:一是政府买单型,即政府通过购买保险,将原本需要政府承担的公共风险通过保费等形式转嫁给保险公司;二是政府扶持型,即政府和受益方共同出资购买保险,缓解受益方的经济压力,当险种获得市场认可后,政府通过减少补贴等形式逐步退出;三是政府引导型,即政府借助其自身的社会公信力为保险创新进行公益宣传,也就是只出政策、不出钱。上述三种"政保合作"模式虽然具体实施上有所差异,但目标极为一致,就是运用保险机制实现事前风险防控和事后经济补偿,提升政府风险管理水平。

宁波保险创新实践证明,政保合作具有一定的合理性和可推广性,原因有三个。

第一,政保合作符合当前保险发展的客观要求。我国保险业发展的主要瓶颈在于全民保险意识较为淡薄,政保合作相当于对社会公众进行了一次保险意识启蒙,让社会更好地理解保险的基本原理、核心职能以及经济效果,从而推动保险业稳健发展。

第二,政保合作可以指导保险公司更好地服务实体经济。当前,中国保险业对于实体经济的服务意识和能力还有待提高,通过政保合作,可以让保险公司更加及时和准确地对接现实需求,为保险供给侧改革提供有力的支撑。

第三,政保合作可以在一定程度上弥补市场失灵。保险的稳定运行需要基于"大数法则",需要有较为大量的同质风险。如果无法达到"大数法则"要求,保险公司只能通过提高保费来寻求安全边际。同时,由于保险意识和经济基础有限,众多需要保险的个人或中小微企业又往往不善于应用保险工具,这就造成了典型的市场失灵。通过政保合作,不仅可以让保险公司在短时间内构建符合"大数法则"的保险组合,也可以为个人或中小微企业提供风险保障,形成一定的市场均衡。

(三)"保险型城市"是保险创新的核心目标

在十多年的实践中,宁波保险创新可以大致分为三个阶段。

第一个阶段是 2008—2014 年,可以称为"头痛医头、脚痛医脚"阶段。

这一阶段的主要特征为保险创新跟着风险走,哪里有风险就在哪里搞保险创新,其中以"小贷险""医责险"最为典型。

第二阶段是 2014—2016 年,可以称为"辨证施治"阶段。2014 年,国务院颁布了《关于加快发展现代保险服务业的若干意见》,明确提出"使现代保险服务业成为完善金融体系的支柱力量、改善民生保障的有力支撑、创新社会管理的有效机制、促进经济提质增效升级的高效引擎和转变政府职能的重要抓手",这为宁波保险创新明确了方向,找到了重点。其中的标志性事件就是 2014 年 9 月"会省市共建"的全国首个保险创新综合示范区正式在宁波落地。

第三个阶段是 2016 年至今,可以称为"全面推进"阶段。2016 年,经国务院批准,宁波正式建设国家保险创新综合试验区。以此为契机,宁波保险创新聚焦城市发展过程中的风险管理问题,践行全域保险和全产业链保险,并率先提出了"保险型城市"理念。至此,建设保险型城市已经成为宁波保险创新的主线,更是保险创新的核心目标。

第二节 宁波保险创新与保险型城市建设主要瓶颈

宁波保险创新起步较早,尤其是 2014 年以来,通过示范区、综试区建设,保险创新与保险型城市建设互动发展初见成效,但也存在着全民保险意识有待提高、保险产业自身局限有待突破、综试区政策红利有待发掘、保险创新与保险型城市建设互动发展有待深化等问题。

一、全民保险意识有待提高

目前,社会大众对保险消费、保险创新以及保险综试区建设还不十分了解,学保险、懂保险、用保险的社会氛围远未形成,一定程度上影响了保险创新的社会认可度。

第一,保险知识普及相对滞后。宁波保险知识普及主要集中于保险公司的商业广告,其投放重点为广播电视端(包括广播、有线电视、移动电视)、楼宇电梯等传统渠道,商业色彩较为明显。虽然保险行业协会在市保险管理部门的指导下编辑出版了多种保险科普读物,但限于人力物力,传播范围不广不深。因此,宁波地区还没有形成一个较为独立客观且具有市场化前景的第三方保险教育平台。

第二,保险消费者保护有待加强。虽然宁波亿元保费投诉率持续居于全国最低地区行列,但宁波保险市场上因"销售误导""理赔难"等痼疾而引发的纠纷仍然屡见报端,表明消费者保护工作仍然任重道远。

二、保险产业自身局限有待突破

保险对社会经济影响力较弱,主要原因有六个方面。

第一,保险法人机构数量偏少。目前,宁波共有分公司以上保险机构55家,其中财产保险公司31家(外资公司3家)、人寿保险公司24家(外资公司7家),但保险法人机构只有东海航运保险公司、永诚保险资产管理公司以及农村保险互助社等少数几家。在保险法人以及分支机构引进方面,宁波市虽然做了巨大的努力,但由于受到保监会监管政策限制,到2019年年底还没有保险法人机构获批筹建。这与"力争到2020年实现保险总部机构超过15家,进入全国大城市第一方队"的目标相比还有很大的距离。

第二,保险市场规模有限。2019年,宁波有保险机构55家,只比厦门和大连多10余家,与温州持平,比青岛、苏州、深圳少20余家。2019年,宁波财产保险原保费收入165.55亿元,人身保费收入210.28亿元,与深圳、苏州等城市的差距非常明显。特别是在人身保险层面,宁波几乎处于同类城市的末尾,超过厦门,与温州持平,与青岛、大连、佛山相差近100亿元,与苏州相差近300亿元,与深圳相差500亿元。具体数据如表2-5和表2-6所示。

表 2-5   相关城市保险机构规模比较(2019 年)   单位:家

机构类别	宁波	温州	厦门	大连	青岛	苏州	深圳
中资财险	28	25	24	20	35	26	35
外资财险	3	3	2	3	6	9	6
中资寿险	17	20	13	19	22	32	26
外资寿险	7	9	4	4	11	15	14
财险小计	31	28	26	23	41	35	41

续表

机构类别	宁波	温州	厦门	大连	青岛	苏州	深圳
寿险小计	24	29	17	22	33	47	40
中资小计	45	45	37	39	57	58	61
外资小计	10	12	6	7	17	24	20
合计	55	57	43	46	74	82	81

表 2-6　相关城市保险机构规模比较（2019 年）　　　　单位：亿元

机构类别	宁波	温州	厦门	大连	青岛	苏州	深圳
原保费收入	376	294	227	371	487	711	1384
其中：财产险	166	98	79	88	127	214	362
人身险	210	195	148	284	360	497	1022
赔付支出	148	83	79	95	144	187	364
其中：财产险	109	57	49	47	72		223
人身险	39	26	30	49	72		140

第三，保险公司创新动力普遍不足。保险公司创新动力不足的主要原因有两个：一是宁波保险市场集中度较高。以 2019 年为例，前五大财产保险公司保费收入占宁波总财产保险保费收入的比例超过 70%，前五大寿险公司占比接近 70%，这使得大部分的中小险企市场生存压力较大，从而制约了创新能力。二是保险创新保护制度尚不完善，对相关创新产品的保护还有待加强。文字的开放性使得对保单条款进行的任何创新性改动都极易为竞争对手所知，且极易被对方模仿，知识产权保护的不足影响了公司进行保险产品创新的积极性。

第四，机构保险创新投入依然不够。保险创新的高投入和高风险需要雄厚资金支持，资金缺乏让保险创新举步维艰。从国外的一般情况看，有实力的保险机构都拥有强大的研究机构及专项的研究与开发经费来支撑保险创新。如瑞士苏黎世金融集团、美国信安保险公司、瑞士再保险公司都有逾 200 名研究人员，每年用于研究的经费比我国所有公司用于研究的经费总和还要多。

第五，制度创新水平有待提升。目前，中国保险监管与地方金融管理都处于转型发展过程中,在"保险姓保"的强监管背景下,保险业在合规的基础上,应对产品费率、条款、机构、人员、资金运用等方面的保险创新空间进行更大的拓展。

第六,保险创新人才缺乏。各种专业人才的培养是一个渐进、累积的过程,目前,宁波许多专业人才如精算、核保、核赔、法律、管理等方面的人才,在储备和培养上依然不足。保险人才需求旺盛,但市场上专业人才缺乏,不能很好地适应保险业创新的需要。

三、综试区政策红利有待发掘

宁波保险创新已迈入由分散自发到全面推进的新阶段,顶层设计至关重要,目前在政策红利以及制度建设层面有两个问题亟须解决。

第一,确保支持政策尽快落地。2017 年 5 月,保监会专门出台《关于支持宁波市保险创新综合试验区建设有关意见的函》,在创新项目试点、法人机构批设、保险资金运用、高管人员任职等方面,对宁波保险创新试验区建设给予"一揽子"支持政策。当前最为迫切的就是要"会省市"联动出台实施细则,明确赋予宁波最大限度的创新自主权。

第二,保障保险创新可持续发展。当前一些广受认可的创新险种,如巨灾保险、小额贷款保证保险、电梯安全综合责任保险、税优健康保险等,经营压力依然很大,一方面是社会效益不断体现,另一方面是市场盈利水平处于较低状态,尚不足以保证保险产品的可持续发展。因此,怎样坚持公益性与经济性的统一,如何建立健全多方协调的损失分摊机制,都需要从顶层设计和体系构建入手,建立多部门协同推进机制。

四、保险创新与保险型城市建设互动发展有待深化

宁波保险创新取得了显著的成效,但面对突如其来的"新冠"肺炎疫情,仍然有很多值得总结和检讨之处。这说明宁波的保险创新与保险型城市建设的互动发展还需要进一步深化。图 2-3 是对宁波城市风险需求与保险创新供给之间的梳理结果,主要结论如下。

第一,以宁波为代表的较大型城市主要面临三大风险:城市灾害、经济风险和社会风险。目前,宁波保险创新已在上述三大风险领域提供了诸多解决方案,为宁波打造了保险型城市的雏形。

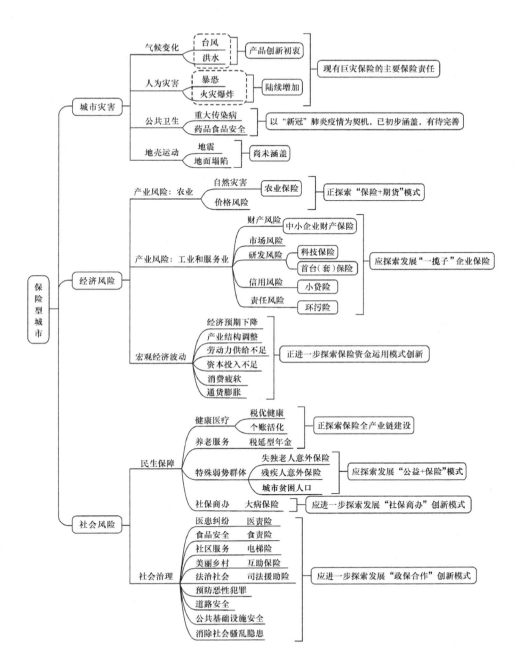

图 2-3 宁波保险型城市保险需求与供给情况

第二,宁波的城市灾害防控体系已基本成形,但一些巨灾风险因素尚未涵盖其中。最为紧迫的是要充分总结 2020 年抗击"新冠"肺炎疫情的经验和教训,将重大传染疾病以及地震等巨灾风险纳入城市的巨灾保险体系,为城市提供有力的灾害防范支撑。

第三,在经济风险保障中,宁波要明确保险保障的主体是企业,既包括大中型企业,更包括农户、工商个体户等小微企业。同时,针对不同的行业特点,重点研发面向农业、工业和服务业的企业保险;积极引进保险资金,为城市的稳投资、稳就业等重要领域提供资金支持。

第四,在社会风险保障中,要在民生保障和社会治理两大层面同时推进。要确保宁波在全国率先高水平全面建成小康社会,借助保险的风险保障职能,不能让普通人民群众或特定弱势群体因健康、意外等因素致贫返贫;要强化政府对保险创新的引导力度,将保险用于社会治理的各个层面,为社会安宁提供金融支撑。

可见,随着城市进一步发展,城市风险需求与保险创新供给之间仍然存在较大的落差。宁波建设成为保险型城市,还需要进一步加大保险创新力度,拓展保险创新的空间和维度,以确保城市可持续、高质量发展。

第三节　宁波保险创新推进保险型城市建设
总体思路与保障举措

国内外保险创新和保险型城市建设实践表明,保险创新推动了保险型城市发展,保险型城市发展要求更广泛意义上的保险创新。本节旨在概述宁波保险创新推进保险型城市建设的总体思路、发展目标、实施路径、重点工作和保障措施,以期推动保险创新与保险型城市建设长期互促共进,实现城市社会经济高质量发展。

一、保险型城市建设总体思路与发展目标

(一)总体思路

深入贯彻党的十九大报告精神,坚持"创新、协调、绿色、开放、共享"发展理念,以"四个全面"战略布局为统领,积极应对新常态,主动融入"一带一路"建设、长江经济带建设和"中国制造 2025"等国家发展方略,以"名城名都"建设和"六争攻坚、三年攀高"行动为引领,抢抓综试区等重大金融保险发展战略机遇,大力推动保险机构集聚,加大保险供给侧改革力度,全力提升保险创新能级,加大推进宁波保险产业发展,构筑社会保险与商业保险协调发展的城市综合风险管理体系,为宁波社会经济发展提供强有力的基础性风险保障支撑,形成一套具有可推广、可复制价值的保险型城市发展经验。

（二）发展目标

第一,打造保险创新与保险型城市建设示范区。依托巨灾保险等保险产品体系,完善和丰富宁波的城市灾害风险管理框架,为城市应急管理提供整体化解决方案。坚持保险全产业链发展理念,积极推动人工智能、大数据、云计算、区块链等保险科技支撑平台建设,着力打造车联网、物联网、健康医疗、养老等保险科技产业链。同时,贯彻"保险＋"战略,引导保险深度参与社会治理、民生保障等各个层面,为服务型政府建设提供可推广、可复制的经验。

第二,打造长三角南翼保险总部集聚区。在"一带一路"倡议以及长江经济带建设和"中国制造2025"等国家方略的指导下,充分发挥宁波在对外贸易、港航物流、智能制造等方面的产业优势,大力引进和培育保险法人机构。鼓励国际性金融保险法人机构在宁波创设面向长三角、全国、大中华区乃至世界的供应链、装备制造、普惠金融、海外投资等专业化保险总部机构,实现与上海、杭州等中心城市金融功能的互补发展、错位竞争。同时,支持保险机构拓展经营领域,合规适时申办各类金融类牌照并落地宁波,形成若干金融保险控股集团。

第三,打造国家保险供给侧改革创新区。紧密配合国家金融领域供给侧改革,结合区域社会经济转型发展特点,守住不发生系统性风险的底线,大力推进"保险＋"战略,为农业、小微企业、科技创新企业、优势企业提供有效的保险保障服务体系,支持保险服务实体经济的产品创新、服务创新与模式创新,推动金融与产业融合发展。

二、保险型城市建设实施路径和重点任务

（一）实施路径

宁波社会经济发展正处于历史机遇期,在城市灾害、经济发展以及社会治理等层面还有许多难点、痛点。保险创新不仅可以为个别社会难题提供创造性解决方案,同时,随着保险创新实践的不断丰富,更能为整个城市发展铺就一张风险缓冲垫,有效防范各类城市风险,形成真正意义上的保险型城市,确保社会的长治久安。因此,保险创新对推动名城名都建设、落实"六争攻坚、三年攀高"行动具有深远的影响。

在对宁波城市风险以及已有的保险创新项目进行梳理和分析时可以发现,宁波城市风险及其保险创新尚需在以下四方面予以完善:一是宁波巨灾保险还未充分覆盖城市灾害风险,需要在现有巨灾保险的基础上扩大承保范围,提高保障程度,使之成为城市灾害防控体系建设的重要组成部分;二是保险和银行、证券、期货等其他金融业态的协同发展还相对滞后,"保险十期货"、投保联动等产品服务创新还未成形;三是实体经济所面临的宏观风险水平较高,保险创新需面向企业整体风险提供"一揽子"保险产品创新,丰富企业风险管理手段,抵御宏观经济风险;四是社会治理和民生保障的难点、痛点依然突出,需要进一步提升政保合作层级,不断开拓新模式。

根据以上分析,宁波保险创新推进保险型城市建设的实施路径可概括为"立足两大着力点十打造最优环境"。

第一,着力推进保险自身发展。通过加大法人机构集聚、加快保险产业园建设、发展保险科技等手段,搭建保险产业发展的基础平台,实现保险业跨越式发展,为保险创新推进保险型城市建设提供充足的行业支撑。

第二,着力推动保险与社会经济的协同发展。严格按照综试区建设要求,大力实施"保险十"战略,优化航运保险、企业保险、巨灾保险、农业保险、责任保险等重大创新项目,大幅提升保险服务实体经济、参与社会治理和民生保障的能力,既要鼓励实体经济反哺保险发展,为保险创新提供信息、技术、资金等要素支持,也要鼓励社会治理和民生保障为保险创新提供广阔的舞台和空间,实现保险与社会经济的良性互动,进而推进保险创新与保险型城市的互动发展。

第三,打造保险创新和保险型城市建设的最优环境。充分发挥综试区政策优势,通过加强顶层设计、加大改革开放、培育保险人才、保护创新精神、唤醒民众保险意识等手段,显著降低保险创新成本,有效提升保险创新的供给质量,有序推进保险型城市建设。

（二）重点任务

根据保险型城市建设总体思路、发展目标和实施路径,宁波保险创新推进保险型城市建设的重点任务主要包括五个方面。

第一,积极推动保险科技,形成"保险机构＋保险科技"、较为完整的保险业态版图,为各类保险创新的复制推广提供产业支撑。

第二,最大限度地服务宁波港航物流体系建设,大力发展航运保险,将宁波打造成为区域性航运保险服务中心。

第三,面向实体经济风险,通过保险创新为企业整体风险提供各类产品创新,丰富企业风险管理手段,抵御宏观经济风险。

第四,将社会治理作为保险创新试验区建设的一条主轴线,提升政保合作层级,使宁波成为保险促进社会治理现代化的创新高地。

第五,将保险创新作为宁波全面小康社会建设的重要支柱,关注和抓住社会的痛点和盲区,利用保险机制形成社会化的民生保障体系。

三、保险型城市建设主要保障举措

（一）强化顶层设计

第一,完善区县(市)领导机制。各区县(市)政府应成立由主要领导为组长和副组长、相关单位主要负责人为成员的区县(市)保险型城市建设领导小组,密切对接综试区实施领导小组的建设要求,确定区县(市)建设任务,结合当地经济发展、社会治理和民生保障的难点与痛点,加大政保合作模式的创新力度。

第二,探索建立区县(市)两级联动机制。综试区实施领导小组应积极协调各区县(市)保险创新工作,定期或不定期组织各区县(市)相互学习交流并逐步形成保险创新联席会制度,形成区县(市)联动的综试区工作推进机制。

第三,建立保险产业发展联盟。由地方金融管理部门牵头,联合保险监管部门、行业协会、业界代表以及相关院校,共同发起成立宁波保险产业发展联盟。联盟要坚持合作共享互联互通,通过建立健全"政产学研"联动机制,助推保险创新与发展。联盟要有专门的团队开展各类活动,既有助于做大做强保险产业发展,更要促进保险服务实体经济,参与社会治理和民生保障。

（二）加快政策落地

第一,尽快落地支持政策。市政府应密切对接中央,顺应配合银行保险监督管理委员会工作,尽快出台"一揽子"支持政策实施细则,强化制度创新,近期应考虑出台的相关政策如表 2-7 所示。

表 2-7　保险政策建议一览

序号	政策措施名称	保监会《关于支持宁波市保险创新综合试验区建设有关意见的函》中的政策依据
1	《宁波保险保税区建设规划纲要》	支持在宁波复制推广自由贸易试验区保险政策措施。
2	《宁波保险科技发展实施意见》	1.支持在宁波建立健康保险信息管理平台,在大病保险、税优健康保险、个人医疗账户结余购买专属保险等业务领域实现与人社、卫计、医疗系统的信息数据共享。 2.鼓励为保险业提供第三方服务的各类保险科技公司、功能型保险子公司在宁波集聚发展,支持宁波设立保险产品与技术创新孵化基地、保险共性技术实验室等行业基础性平台。
3	《宁波区域性保险公司促进办法》	1.鼓励各类创新型、专业型、特色型保险法人机构落户综试区,支持宁波开展区域保险公司试点。 2.支持宁波发展区域性再保险中心,鼓励国内外再保险机构在宁波设立法人机构、经营机构或代表处。 3.支持保险公司在宁波设立省级分公司或将宁波分支机构改建为省级分公司。
4	《宁波保险中介发展与保险消费者保护办法》	1.支持宁波建立地方性、区域性中国保险消费者权益保护中心。 2.支持宁波发展壮大保险专业中介市场。
5	《宁波保险人才队伍建设规划》	1.宁波试行保险分支机构高级管理人员任职资格备案管理制度。 2.在宁波试行保险行业职业经理人执业评价制度。 3.政府与保险公司互派人员挂职锻炼。
6	《宁波保险资金运用指引》	1.支持保险机构在宁波开展保险资金运用创新。 2.支持宁波开展保险资金运用属地监管试点,建立与综试区建设相适应的保险资金运用监管体制机制。

第二,规范财政扶持。在市本级财政和金融管理主管部门的指导下,鼓励各区县(市)结合实际,制定保险创新财政扶持政策,对保险法人机构、保险投资等重大突破进行奖励。

（三）建立保险信息共享平台

第一,探索在全国率先建立保险信息共享平台。打破"信息孤岛",通过保险信息平台建设实现保险业与社保、卫计、民政、公安、法院等部门及其他金融行业之间信息交流共享,依托大数据平台开展产品创新、服务创新。

第二,搭建保险信息科技共性技术研发平台。整合在甬优势互联网企业的人工智能(A)、区块链(B)、云计算(C)、大数据(D)等科技资源,消解"信息孤岛"现象,达成信任共识,为保险科技产业提供数字经济基础设施。

(四)加大保险开放

第一,认真研究金融对外开放政策。以博鳌论坛金融开放十二大举措为政策指引,研究并制定宁波保险开放路线图,重点吸引国际知名的综合性保险集团、再保险公司、专业型保险代理机构在宁波发展。

第二,加强与世界先进的保险业的对接。密切对接国际性保险行业组织,通过举办论坛、展览等手段加强宁波与世界保险业的联系并带动宁波保险发展,形成有一定国际影响力的保险型城市发展模式。

(五)发挥保险对宁波城市发展的助推作用

第一,尽快落实"宁波国家保险创新产业园规划"。探索发展保险全产业链,在智能制造、养老、健康医疗等领域形成具有宁波特色的保险产业集聚,加强实体经济与保险产业的相互融合。

第二,不断丰富保险资金运用手段。在坚持合规的条件下,积极对接政府和企业重点项目的资金需求,不断探索保险资金支持棚户区改造、海绵城市建设、城乡统筹发展等新模式和新路径。

第三,加强投保联动创新。在已有中小企业保险创新的基础上,主动对接保险资产管理公司,研究并落实保险资金参与保险全产业链企业的创业投资和孵化器建设,为解决中小企业融资难、融资贵问题提供宁波方案。

(六)优化保险创新与保险型城市建设环境

第一,强化宣传力度,唤醒民众保险意识。支持保险公司、行业协会利用广播、电视、网络新媒体等多种手段,持之以恒、久久为功,加大保险创新宣传力度,有效提升人民群众的保险保障意识。

第二,大力推动保险发展的法治环境建设。强化保险创新项目保护制度,探索开展环境污染责任强制保险等地方立法,为保险发展提供法律保障。

第三,加大保险消费者保护力度。一方面,要向普通市民积极宣传保险的优势和好处,强化风险和保险意识;另一方面,切实打击"销售误导"等不诚信行为，提升宁波保险的认知度和美誉度。

第四，保障土地供给。鼓励各区县（市）引导商业地产商为保险创新企业提供并配置土地与办公资源，高水平规划和建设相关商务楼宇，形成适应当地金融保险发展的物理性载体和实体化平台。

第五，完善招商机制。强化招商部门的专业能力，为保险企业提供"一企一策"的定制化招商服务，简化招商流程，持续推进"最多跑一次"改革，缩短企业注册时间。

第六，加强行业自律。加强与国内外金融保险行业协会的协调合作，发起成立自律性组织，帮助保险企业制定内控规范，开展职业道德、专业技能培训，提升行业自律水平。

第七，完善保险人才培育体系，确保保险产业可持续发展。坚持"外引与内培"相结合，鼓励各级政府、社会各界为优秀紧缺金融保险以及保险科技人才提供良好的发展环境，加大项目团队引进力度，积极鼓励团队负责人申报"泛3315计划"等高水平人才计划，通过与市内外高校合作共建模式开展保险人才培养和学科建设。

（七）扩大区域辐射

第一，加大对政保合作经验的研究和总结。对于涉及国计民生的公共领域保险创新，要坚持政府领导，支持保险公司采用经办模式提升运营效率。对于经济发展和社会治理等准公共领域的保险创新，要坚持政府引导，通过财政资金购买再保险等形式为保险创新提供充分的风险保障，确保创新成效。对于具有商业化前景的保险创新，要坚持市场在资源配置中的核心地位，前期可以由政府提供一定的支持，中后期则应与财政逐步脱钩，强调稳健经营，实现自负盈亏。

第二，支持运营总部建设。鼓励各大保险公司在宁波新设特色型专业化保险运营总部机构，支持现有保险运营中心升格为总公司下属的运营总部，面向宁波都市圈、浙江省、长三角乃至全国提供保险创新服务。

第三章　宁波保险科技发展研究

　　以数据和技术为核心驱动力的金融科技正在深刻改变金融生态格局。作为金融科技的重要组成部分,保险科技将人工智能、区块链、云计算、大数据、物联网等技术应用于保险经营管理,从而实现业务流程再造。发展保险科技是宁波保险创新推进保险型城市建设重点任务之一,长期来看,宁波将大力引进技术融合应用的保险科技公司,建设保险科技应用场景工厂,打造国内保险科技产业新高地。本章以保险科技推进宁波保险产业自身发展为目标,在梳理保险科技主流技术与应用领域、剖析国内保险科技行业发展现状与趋势的基础上,重点分析宁波发展保险科技的条件与环境、成效与瓶颈,并提出宁波保险科技发展的主要领域与保障举措。

第一节　保险科技概念与主流技术应用

　　一般认为,金融科技将带来前所未有的颠覆性创新,并重塑全球金融服务业面貌。金融科技对保险业的业务模式、产品、流程及应用系统开发来说,具有重大的创新应用价值。本节将在梳理保险科技概念的基础上,重点介绍保险科技的主流技术及其应用。

　　一、保险科技概念

　　保险科技是金融科技的重要分支。金融科技(financial technology, FinTech)是指运用科技手段使金融服务变得更具有效率,并形成一种新兴产业。世界经济论坛在 2015 年发布的报告《金融科技的未来》(*The Future of Financial Services*)中指出,金融科技将带来前所未有的破坏性创新,并重塑全球金融服务业面貌。报告认为,银行业将最早受到金融科技的冲击,但给保险业带来的影响可能最大。金融科技基于大数据、云计算、人工智能、区块链等一系列技术创新，全面应用于支付清算、借贷融资、财富管理、零售银行、保险、交易结算等六大金融领域，是金融业未来的主流趋势。

金融科技在保险领域的应用被称为保险科技（InsurTech），保险科技对于保险的业务模式、产品、流程及应用系统开发来说，具有强烈的创新特性。保险科技概念既包含后台技术，也包括产业应用。根据《中国保险科技发展白皮书（2017）》中给出的定义，"保险科技首先是科技，其次才是保险。它以包括区块链、人工智能、大数据、云计算、物联网等在内的科技为核心，围绕保险的方方面面进行表现，广泛用于产品创新、保险营销和保险公司内部管理等方面，通过创建新的平台，运用新的技术服务保险消费者"。根据这个定义，狭义的保险科技指基于创新的科技产品和业务模式在保险领域的应用，侧重于保险机构的科技应用。广义上说，保险科技则是指保险与科技创新之间所形成的创新成果和生态体系。

未来的保险将是保险与科技的高度结合。例如，利用云计算存储和处理高维数据，利用人工智能进行产品开发和精准营销，利用 5G 技术和车联网技术实现实时监测，并最终提高经营效率。车联网等技术在不久的未来都将逐渐成熟，推动保险产业链的重塑再造。保险科技为保险业打开了新的增长空间，同时也给监管环境和风险管理带来了新的挑战。

国内外为应对这一趋势已相继开展众多研究和产业合作，宁波市相关政府机构和保险、科创领域的相关企业也对保险科技持续关注，并鼓励保险科技的发展。尽管目前部分新技术在保险业已经进入实用阶段，但新技术与保险行业的关系依然存在较大的不确定性，有必要开展系统的探讨，例如：保险科技可以辅助保险行业应对哪些类别的挑战？保险科技在保险体系中的角色如何定位？如何利用新技术为行业注入正能量，推动保险业创新发展？

二、保险科技主流技术与应用领域

保险科技的主流技术发展可以分为两大方向：一是底层基础硬件架构及系统；二是软件和算法。底层基础硬件架构及系统包括终端设备（智能终端、机器人、传感器等）、通信、存储和计算（芯片、云计算等）及人机交互（虚拟现实等）。软件和算法包括大数据、人工智能、区块链、互联网与移动技术等。根据毕马威、众安金融科技研究院联合发布的研究报告①，保险科技对保险行业影响最大的是大数据与人工智能，云计算、区块链、物联网、基因监测、虚拟现实等也将具有较大影响。

大数据和人工智能的结合是保险科技应用的核心手段。两者的结合给保险业的商业模式和经营方式带来了巨大的冲击，使保险公司从巨量用户数据中挖掘用户特征，大幅提高把握客户需求及风险的能力，推进产品开发、营销、核保、理赔等各环节流程优化。通过大数据和人工智能技术的结合，保险公司可以按类型对客户进行细分，并确定他们对差异化定价和差异化产品的需求；人工智能保险顾问平台能为用户提供保险知识普及、产品指南以及后端理赔自动化和全过程服务；以深度学习为代表的人工智能技术推动了语音识别、图像识别和自然语言处理等技术的突破性发展，可帮助保险业优化损失确定流程并提高理赔效率。

云计算将成为保险科技中最为重要的基础设施之一。云计算是一种利用互联网实现资源实时申请、快速释放、高效访问的新型计算方式，在数据存储、管理、编程等技术上都进行了创新。云计算海量、高并发的数据处理能力能够让保险机构在产品定价、承保理赔、数据维护等多个业务环节实现运营效率的提升。云计算的应用提升了保险业务的规模扩展能力及服务升级能力，能以较低成本负载大量业务及用户数据，并提供相关分析服务，实现高效营销和用户管理。结合云计算，在线保险服务在不断向更深入的方向发展，加速了保险业的数字化转型进程。

区块链可能成为保险领域的颠覆性技术之一。区块链通过对共享数据加密保护和对交易源头锁码，确保资料不被单方面窜改，而资料的输出需要公钥和私钥的配合，只有私钥拥有者才可以看到对应的信息，由此可确保交易相关信息的真实性和安全性。保险牵涉消费者、中介、保险人、再保险人等参与者，保险业务每个环节都存在信息不对称问题，区块链有助于解决保险领域的信任问题，降低信任成本。保险机构应用区块链技术，可以防止保险诈骗行为的产生，确保要保人的信息安全，降低保险公司被伪造保单或是未获授权的业务员诈骗的风险。除了提升资料安全性外，区块链技术还可

①　毕马威，众安金融科技研究院.保险科技：构筑"新保险"的基础设施[EB/OL].（2018-10-16）[2020-05-30]. https://home. kpmg/cn/zh/home/insights/2018/10/insurance-technology.html.

以显著改善理赔及核保流程。智能合约能根据约定自动进行再保的分摊和合约的执行，也是保险业务应用区块链技术的典型场景。

物联网技术在保险领域的应用已经发展多年。保险公司主要利用物联网与客户互动，并加速和简化承保、理赔流程。通过感应装置和高效网络连接，保险机构可以更快速地掌握承保标的最新状态，从而更准确地确定风险，降低成本。针对个人健康的穿戴式技术能监测诸如心跳、行走步数等指标，随着技术进步，还可以掌握更多健康指标。针对运载工具的移动装置感应器，可监控包含里程数、运行时速和运行状态等指标。固定式感应器可以设置在工厂、仓库、办公室或居家环境等，可自动检测环境中的潜在风险。物联网技术与地理信息系统整合，可以提供保险标的所处地点环境变量的各项影响。可以预见，未来会涌现越来越多基于物联网的保险业务模式。

基因检测已经成为寿险领域的前沿应用技术，能够帮助保险行业提高风险识别和评估水平，如分析客户发展出某种疾病的风险，提供更精准、高效的保险产品定价与核保。基因检测技术还可以作为健康管理的辅助手段，根据客户的检测结果提供健康管理服务，提供更有针对性的疾病预防对策，减少罹患疾病的风险，降低医疗成本，保险公司也能减少赔付，提高利润。基因检测技术应用于保险业需要注重隐私、伦理与监管问题。

虚拟现实技术也越来越多地应用于保险领域，在用户安全教育、风险认知、行为规范等方面有创新性应用。随着虚拟现实技术仿真效果、便捷性的提升及应用成本的下降，虚拟现实技术将在保险领域进一步扩大应用范围，是应用保险科技拓展新产品营销渠道及用户服务手段的重要方向。

第二节　国内保险科技发展进程、应用现状及发展趋势

在金融科技快速发展的背景下，国内保险科技也逐渐具备了坚实的发展基础，且在技术应用普及上走在了世界前列。同时，保险业也面临着内部和外部的双重挑战。本节旨在描述国内保险科技的发展进程、应用现状以及发展趋势，并与国外保险科技的发展做横向比较。

一、国内保险科技的发展进程

从不同角度观察保险科技的发展可以得到不同的评判,总体来看,保险科技发展可分为三个阶段。

保险科技第一个阶段的主要特征是线上化。线上化是指通过使用网络渠道,使现有产品的销售线上化以及使前端渠道和基本客户服务线上化,改变传统业务的线下模式。这一阶段大约始于 2012 年。与此同时,中国网络保险市场规模从 2013 年的 291 亿元人民币,增加到 2018 年的 1845 亿元人民币,年均增长率达到 45%。预计到 2023 年,中国网络保险市场规模将进一步增长到约 8800 亿元人民币,预期年均增长率为 37%。从网络保险渗透率看,中国网络保险市场的渗透率从 2013 年的 2% 增长到 2018 年的 5%,到 2023 年将达到 13%,仍有较大增长空间。在当前"新冠"肺炎疫情背景下,保险的传统销售模式受到不小冲击,保险机构普遍意识到数字化转型的重要性与迫切性,纷纷提速线上渠道布局,运用保险科技加快业务线上化和保险产品创新,推动线上线下融合。伴随着线上业务规模的扩大,传统保险机构也不断进行组织创新,截至 2019 年年底,我国保险公司共发起设立各类科技子公司 50 余家,其中较为典型的有人保金服、众安科技以及太平科技保险等公司。

保险科技第二个阶段的主要特征是场景化。随着互联网的发展,大数据、人工智能与物联网等技术开始在保险业务的局部环节逐步发挥作用,也诞生了许多新的保险需求和销售场景。保险科技的场景化指的是根据不同的保险场景需求来定制更具针对性的产品,特别是与流量入口的结合。这一阶段始于 2015 年,诸多与应用场景相匹配的保险产品纷纷出现,淘宝、腾讯、携程、京东等公司结合互联网的业务场景来定制保险,例如电商的退货运费险、OTA 平台销售的航空意外险和航班延误险、互联网消费金融的信用保证保险等。这些保险产品的特点是保费较低、保障期限短,同时具有碎片化特征。

保险科技第三个阶段的主要特征是重构。重构不仅是指保险科技在渠道、营销、产品定义方面的创新,更重要的是指重构行业生态,它可能会创造出与传统保险业务模式完全不同的商业形态。这一阶段的保险业,不仅依赖保险科技,也高度依赖保险监管环境的创新。在中国及东南亚一些国家,如韩国、新加坡等，保险业均面临高度监管的环境制约，保险科技发展一定程度上依赖监管环境的容忍和支持。而像美国、英国、加拿大、澳大利亚、德国等国家，保险科技发展更快，这是由于这些国家的监管环境具有更大的容忍度。以德国保险代理公司 Friendsurance 为例，其创新性地将保费分为两个部分：一部分进入保险公司的账户，另一部分作为回报资金池，根据相同的保险需求，把客户分成若干小组，到年底则根据理赔情况将资金池里没有使用的部分返还给被保险人作为奖励。这种模式有效激励了被保险人更守信用，降低保险赔偿的发生率，并减少道德风险，实现保险双方的共赢。然而这种模式中短期在国内较难推行，因为保险监管对保费返还有着严格控制。

对比国外保险科技发展，目前国内的保险科技还处于场景化阶段，尚未进入重构阶段。中国的保险科技创业公司目前有 250～300 家，大部分处于早期发展阶段，还在不断探索和试错，成长相对无序。从技术可行性看，以数据的积累、算力的提升为代表的大数据和以深度学习为代表的人工智能等，为保险广泛应用新技术提供了可能。在保险行业的整个链条中，包括产品设计、销售渠道和保险后服务升级，都会基于新技术的创新带来不同程度的成本降低和效率提高。目前的新技术能够直接落地的主要是大数据、人工智能等技术，而区块链技术仍处于实验阶段，其共识机制、存储机制都还有待完善，其大规模的商业化应用还有待时日。

二、国内保险科技应用现状

(一)产品设计与创新

移动互联网的迅速普及使保险产品的场景化和个性化特征更鲜明。如前所述，场景化是许多初创公司进入保险业的重要方式，他们会细分用户以发现更深层次的需求。归纳而言，这些公司的业务主要分为两大类：一类是面向个人或者企业特定场景下的定制保险；另一类是面向企业为其员工提供保险服务。这些公司的发展路径大致可以分为三条：一是做大规模（横向发展）；二是往垂直场景延伸（纵向发展）；三是对用户价值进行二次开发。

从中外比较来看，国外公司相比于国内公司，险种及形式更为多样。例如，国内 UBI 保险（usage-based insurance，基于使用量而定保费的保险）和基于社交网络的定制保险还比较少见。据研究，新的场景保险通常是微利产品,所以场景保险更像是保险领域的敲门砖。它可以细分为衣、食、住、行、健康、教育、娱乐、体育等 8 个场景和 400 多个子行业,可以用来吸引不同的客户,然后横向或纵向发展。它通过全面了解客户和描绘客户画像,利用场景保险构建生态圈,提供增值服务,增强客户黏性。

目前,我国保险市场上还出现了一种基于网络的新型相互保险。根据保监会定义,所谓相互保险,是指"具有同质风险保障需求的单位或个人,通过订立合同成为会员,并缴纳保费形成互助基金,由该基金对合同约定的事故发生所造成的损失承担赔偿责任,或者当被保险人死亡、伤残、疾病或者达到合同约定的年龄、期限等条件时承担给付保险金责任的保险活动"。一般互助平台或保险方面是从小额保险入手,确定主导用户,再由他们引入熟人来形成优质的低风险小组。根据国际相互合作保险组织联盟统计数据,截至 2017 年年末,全球相互保险收入 1.3 万亿美元,占全球保险市场总份额的 27.1%,覆盖 9.2 亿人,在高风险领域和低收入人群风险保障方面发挥了巨大的作用。在我国,相互保险的市场份额几乎为零,目前为止保监会批准了 3 家试点机构,开启了相互保险在中国的探索历程,主要以网络互助平台的形式展开。这种保险利用社交网络,更高效地获取客户,在降低营销费用的同时还能利用社交圈特征降低核保、理赔等费用。由于客户具有类似的风险特质,也能更好地进行风险管理,减少欺诈带来的损失。但国内目前对此领域的监管相对落后,相关的监管要求也在不断收紧,以防互助保险平台发展成变相的众筹平台。相较于国外市场,中国的互助保险刚刚起步,目前主要以大病互助为主,费用较高,缺乏合理的风险定价机制,有可能面临较大的定价风险,而且参与者之间大多为陌生人,存在较大的信息不对称。

（二）渠道及营销

从渠道角度看,传统保险的销售渠道分为直接和间接两种方式。直接销售即保险公司的营销人员面对面向客户销售保险。在欧美发达的保险市场,间接营销渠道更为普遍,保险公司与投保人之间不进行直接接触,而是通过中介平台将保险销售出去。传统保险无论是直接销售还是间接销售,一般通过线下开展,对客户的了解有限。保险科技使得保险公司对用户的了解更为深入,并可通过网络服务优化用户体验,减少销售成本,价格也更有优势。保险公司在线化后,中介机构的优势也将继续发挥。比较而言,互联网保险中介平台拥有更丰富的用户数据,可以更快速清晰地洞察用户的需求,为保险公司研发产品提供参考。互联网保险中介平台甚至可以直接参与风险定价和相关产品开发,将不同的产品和服务聚合到一起,利用互联网信息对称透明的特性,消除中间环节损耗,为客户提供优质服务。总体而言,在销售渠道方面,国内外差距相对较小,发展相对充分。由于销售主要依靠占领流量来扩大市场,一些早期成立的公司已经拥有较大的市场份额,而传统的网络分销方式已不能满足现有的需求。

从营销角度看,保险的复杂性让很多客户无法准确识别自己的保险需求。传统的保险顾问服务面临很大挑战:一方面,保险的专业性很强,保险产品的种类、数量很多,保险顾问很难全面了解市场上大部分产品,从而很难站在客观公正的角度为客户提供匹配的服务;另一方面,随着移动互联网的发展,客户对服务质量的预期也有所提高,希望获得随时随地的智能保险顾问服务。以人工智能等技术为大众提供专业、客观的保险规划和咨询服务的机构应运而生,这类公司与销售平台经常绑定在一起,为客户提供合适的保险产品和优质的服务。

此外,还有面向保险经纪人的业务辅助机构,将传统线下的展业工具线上化、智能化,进一步提升效率。

(三)投保后服务

保险是一个对客户服务专业性要求很高的行业,随着人工成本的增加、客户消费体验的提升以及人工智能技术的发展,传统的劳动密集型客服已经不能满足市场需求,智能客服开始出现。智能客服利用在线客服、智能手机应用、即时通信等渠道,利用文字或语音方式与数据库进行交互,了解客户意愿,为客户提供反馈服务。在这一领域,国内通用型智能客服的发展格局基本稳定,且大多已进入保险领域。未来,可进一步整合保险产业链的全流程,如售前咨询和智能推荐、售后理赔等,提供更专业的服务。

相对于欧美市场而言,国内保险业在投保后服务优化环节的发展还处于起步阶段,格局并不明晰,各高科技赋能公司仍有巨大的机会。而其中的智能客服环节,今后可以进一步从保险专业化的角度切入,结合保险产业链的全过程,提供全方位的专业客服。和产品开发、核保定价和市场推广销售相比,优化保险行业售后管理和服务是一个更为长期的过程。摩根士丹利和波士顿咨询公司的联合调查(《保险与科技:数字时代的演变及革命》,

2016)发现,售后服务往往是整个流程中满意度最低的部分。这意味着保险公司需要优化现有的保单系统,完善理赔程序,提供增值服务。换句话说,投保后的服务优化环节也是一些新技术可以发挥作用的重要环节。

在客户申请保险后,需要对客户的个人信息进行风险评估、核保,或者在客户提出理赔要求时进行理赔审核。在传统保险中,这一环节需要人工审核,费时费力。因此,许多保险科技公司应运而生,为保险公司提供科技赋能,简化相应环节,降低相应人力成本,提高工作效率。例如,利用车联网等技术为车险服务,此类业务为保险公司提供更为全面的数据,帮助保险公司评估风险。区块链技术在此方面的应用多为验证阶段,实际落地较少。例如,2017年,安盛保险利用以太坊公共区块链为航空乘客提供航班延误自动补偿:如果航班延误超过2小时,"智能合约"保险产品将直接自动赔付给乘客。但考虑到区块链共识算法和安全、隐私等问题,其在解决反欺诈等信用问题上降低成本、提高效率的效果并不明显,这也直接影响了其在保险行业的落地。

(四)保险业与 IT 业的融合

传统保险机构开始借助大数据和人工智能等新兴技术,与相关科技创业公司合作,优化原有保险产品,提高业务效率和客户满意度。一些综合性保险公司也通过收购新兴的保险科技公司来完善业务体系。

在保险科技市场上,还有一类参与主体是互联网巨头以及保险业务的上下游关联公司,如百度、阿里、腾讯、京东、新浪、苏宁等,它们也积极涉足保险领域,拥有保险领域的相关牌照。其中,有的持有一家或多家保险公司牌照,直接参与保险公司的经营,有的持有保险经纪或保险销售代理牌照并利用自身流量优势给 C 端提供保险产品服务。此外,还有很多汽车厂商、医疗机构积极参与保险业务布局,成为保险科技市场的重要参与主体。

三、保险科技发展趋势

(一)新型保险销售渠道

传统保险渠道形式,如业务员渠道、经纪人渠道或银行保险渠道等,多属于离线(off-line)销售渠道,即投保人需要通过实体渠道才能够买保险商品。然而通过导入数据化渠道概念,传统保险渠道受到新兴渠道的强力挑战,且投保人的保险购买习惯也有所改变。Financial Technology Partners

（2016）将线上渠道的兴起分成五大面向来探讨，分别为线上渠道、社交媒体、移动装置、电子商务平台及数字创新合伙关系对渠道的影响。而数据化的新兴渠道，除对投保人投保习惯造成冲击外，也对保险机构的定价、核保等核心业务造成冲击。此外，由于信息传递的速度变得更快、更方便、更透明，现在的保险服务提供更需要强化客户导向。

（二）大数据与人工智能辅助决策

由于保险机构已掌握了客户的大量资料，其可以通过大数据分析，提供更多元化的保单服务，如使用者基础保单（usage-based insurance，UBI）等。分布式账户与智能合约的发展，甚至是人工智能的发展（如 Robo-Advisor 在个人财富管理方面的应用），除了使金融产业的各项交易及经营迈向自动化外，也降低了保险机构的运营成本。诚然，这些发展机会也会对传统保险机构带来冲击，但随着金融科技和保险科技的导入，保险机构经营效率将显著提升。

（三）区块链技术增强信任机制

通过区块链技术的发展，可直接与相关单位交换信息，加速保险业务办理流程，并结合智能合约的开发，进一步开发出保险经营自动化系统，使得保险契约的要约、核保、保费定价、契约成立及理赔皆能通过自动化方式处理，形成具有标准化和错误率极小化的服务流程，为客户提供更亲近、更快速、更好的服务。目前，已有国际保险机构通过独立开发或联合 IT 企业开发的系统，整合区块链与智能合约技术，建立一套理赔自动化系统。被保险人发生保险事故时，只需通过 App，即可完成理赔案件上传，而后端则将相关凭证自动提交给被保险人与保险机构，并提供同一区块链中的医疗院所及第三方单位验证信息。这类技术的实际应用，除可大量减少保险欺诈行为外，还能使上万笔理赔交易在几秒钟内完成，并及时将理赔金额转至被保险人银行账户中，大大提升了服务品质与保险效益。

（四）去中心化保险产品与点对点风险互保机制

长期以来，保险业主要采用中心化的架构经营，由保险机构作为风险分散的中心点，负责筛选、收集并分散风险。中心化的经营架构，优势在于因保险机构资源集中，有能力、资源发展核保、精算、理赔与投资等专业技术，因此能更有效率地分散投保人的风险。此外，由于保险机构普遍受到高度监管且资产庞大，相较于两人直接互保，其更具信任基础。然而这种集中化的经营模式仍有其局限,如存在代理问题,监理成本和费用率过高造成保险可得性下降。因此,当金融科技发展后,新形态商业模式应运而生,传统保险机构的集中化经营模式可能会受到挑战。当仅依靠网络渠道的新型保险公司出现时,保险中介和保险机构的中心化角色将被边缘化,并被去中心化的新形态商品如 P2P 保险和点对点分散互保机制取代。这种弱中心化和去中心化的网络保险平台组织,因具有降低费用率和无时间限制等优势,已对传统的保险机构造成强大威胁。这类保险平台组织的代表有 2010 年于德国成立的 Friendsurance,其首创以小组而非个人为单位投保,并通过其他组别间的被保险人群进行风险分散,2015 年在美国成立的 Lemonade 及 2016 年在中国成立的水滴互助皆有类似的性质。其中,全程没有保险机构参与其中的网络互保平台,其运作架构只有平台的其他会员,因此,更加去中心化的风险分散机制可能成为未来的发展趋势。

（五）基于物联网的保险增值服务

物联网(Internet of things,IoT)技术的兴起,配合穿戴式装置和感应器的设置,将可通过网络串接大量的资料,并运用这些资料提供增值服务。对于保险机构而言,物联网的技术发展可使保险机构通过网络更快速地掌握承保标的最新状态。许多相关的硬件技术早已发展多年,但通过网络连接,可使应用层面更加扩大。当各项潜在风险发生时,物联网各节点除可自动通知相关人员外,保险机构也可通过连线得知最新状态,直接提供必要协助。

第三节　宁波保险科技发展现状剖析

宁波获批创建综试区以来,保险创新方兴未艾,成效显著,为保险科技在宁波的创新发展提供了良好的机遇。宁波提出的打造"保险型城市"的发展战略以及正在推行的"全域保险""全产业链保险"实施路径,让宁波有条件率先成为国内保险科技产业新高地。本节主要分析宁波发展保险科技的主要成绩以及面临的制约。

一、宁波发展科技保险的主要成绩

（一）保险科技产业园初具规模

保险科技产业园是综试区建设的关键环节和起点，旨在引进和培育一批功能型保险总部机构、保险科技机构及相关保险产业链生态，打造集城市绿肺、商业 CBD 为一体的区域性保险产业基地。保险科技产业园按照开放、内涵、集约的建设理念，构建"一核多点"的空间格局，强化园区空间结构的开放性、协调性、融合性，推动保险创新产业园与宁波市产业布局、城市建设、经济发展、土地利用、基础设施的无缝对接与深度融合。

为吸引全球保险科技公司加入宁波保险科技创新，宁波推出了落户开办奖励、经营贡献奖励、产业基金扶持、人才政策保障等政策和服务举措，重点培育"保险＋社会治理""保险＋产业""保险＋科技"等创新功能及平台。同时，搭建保险创新专业服务平台，探索离岸保险产品创新，建设保险科技创新平台，积极探索保险产业自身发展模式。宁波还通过打造保险全产业链，提升综试区的品牌影响力，优化政策环境，引进和培育了一批保险产品的研发中心、保险科技公司、创新孵化基地、保险第三方共享技术平台和实验室等，同时也引进和培育了面向保险科技的专项投资基金。目前，产业园已聚集了 11 家保险科技企业，拥有员工近 500 人，包括宁波华保信息科技有限公司、宁波北斗星风险管理服务有限公司、浙江工保控股有限公司、农联中鑫科技股份有限公司、宁波中锎保软件科技有限公司、宁波工保科技有限公司、浙江工保建筑工程技术有限公司、宁波保融金融信息服务有限公司、浙江云透物联科技有限公司、宁波迅赔科技有限公司、宁波保橙数据科技有限公司等。在保险科技投资基金方面，宁波在国内最早创设了两只投资基金，即海尔金控、宁波金控的中互保投资基金和复星集团在宁波设立的保险科技产业投资基金。目前，宁波保险科技产业已初具规模。未来宁波将进一步引进和培育保险科技机构，加入综试区，打造一个由功能性保险总部机构和保险业基础平台、中介服务组织、研究智库、保险文化机构、保险科技孵化器、保险产业投资基金等构成的保险全产业链生态。

（二）保险科技创新有效促进社会经济发展

宁波保险科技创新的重点内容之一是培育创新项目，形成示范经验，并将创新保险机制融入一系列旨在促进经济转型升级、提升居民福利、创新社会管理及转变政府职能的创新体系中。近年来,宁波启动了 150 多个保险创新项目,设立了保险创新投资基金,全国首只互联网保险行业基金——中国互助宁波产业基金也于 2018 年 3 月 12 日落户宁波。人保、人寿、太保和紫金保险在宁波成立了保险科技创新研发机构,在保险产品创新方面取得了突破。例如,人保财险推出了全面的电梯安全保险,开创了"保险＋服务"的电梯安全管理模式,并且还开发了"电梯卫士"App,更加关注对电梯维护过程的监控。

二、宁波发展保险科技的主要瓶颈

作为一项新兴事物,宁波保险科技的应用仍存在诸多瓶颈,如险种范围不够宽、区块链技术应用进程缓慢、数据分析应用路径尚不清晰等,保险行业与初创科技企业的合作尚处于商业模式的探索阶段。

(一)保险科技自身存在技术风险

随着保险公司科技能力的提升,保险与科技的融合程度也在不断加深。越来越多的互联网科技公司进入保险业,有的已经形成了比较完整的布局。这些互联网科技公司往往在资金实力、技术能力、营销渠道等方面比传统保险公司更具优势,因此在互联网与保险业的融合中通常占据有利地位。同时,保险科技的应用使得跨行业、跨领域交易活跃,业务渠道边界变得模糊。以互联网科技公司为代表的跨界企业已经成为金融业和准金融业的进入者。"金融＋科技＋产业"实现了跨行业融合,市场交易结构设计越来越复杂,许多跨市场、跨领域的金融工具涉及多方合同关系。金融业的交叉风险将不可避免地传导到保险市场,使保险业防范系统性风险的难度加大。

(二)保险业务与科技融合深度不足

宁波保险科技的应用领域、层次尚待拓宽与提升。目前,宁波的保险科技创新主要集中在技术门槛相对较低的保险运营管理和保险销售管理等低附加值环节,在产品研发定价及风险管理等对数据分析和应用能力要求较高的环节则有待进一步深化。技术与数据平台建设尚显滞后,保险公司的 IT 系统落后于保险科技的前沿技术要求。

(三)保险科技带来新的监管政策挑战

从监管角度看,随着科技创新步伐的加快,新的金融风险的出现不可避免,为此,必须进行有效的风险识别、预警和防控。保险科技的应用必然带来新的业务模式和信息结构，这将给现有的保险监管体系带来新的挑战。科技的应用加剧了监管机构、保险机构与科技公司之间的信息不对称问题，信息安全和个人隐私保护难度加大。监管滞后和监管空白可能带来新的监管套利，保险科技发展带来的风险具有隐蔽性、复杂性和传染性，必须警惕系统性风险。

第四节　宁波保险科技发展政策建议

根据上文所述的国内外保险科技主要技术和应用领域、保险科技的发展现状与趋势以及宁波保险科技发展状况，本节提出了宁波发展保险科技的政策建议。

一、创造良好的保险科技政策环境

保险科技的发展离不开政府和监管机构的支持。应通过强化合作、促进产业集聚、加大资金支持以及保持密切沟通等方式支持业务创新。

第一，政府部门可在两方面发力。一是出台"宁波保险科技发展行动计划"，鼓励各区县（市）结合自身特点和优势，面向"中国制造 2025"国家战略和"一带一路"建设等重大发展机遇成立保险科技创新平台。二是组建"保险科技创投引导基金"。参照"宁波创业投资引导基金"和"宁波天使投资基金"的成功做法，积极吸引社会资金、保险资金、产业资本组建"保险科技创投引导基金"。

第二，监管机构可在三方面发力。一是积极防范创新过程中的风险，优化制度设计，加强防控引导，为保险科技的发展创造良好的制度环境。二是尽快落实保监会"一揽子"支持措施，借鉴其他地区的先进做法，研究和制定"保险科技负面管理清单"，为宁波保险科技的规范发展提供政策和制度保证。三是积极争取金融监管部门的政策支持，尽早启动国际上通行的"保险科技监管沙盒"在宁波落地的可行性研究。

二、大力引进和培育保险科技创新企业

第一，依托已有的保险科技公司、保险互联网第三方服务企业、保险共享技术实验室等机构落地宁波的集聚优势，加快引进和培育保险科技创新企业。

第二,大力引进涉及大数据、人工智能、物联网、云计算、区块链等技术的保险科技公司,优化保险科技创新的区域环境。

第三,引导保险总部在宁波设立保险专业研发机构和实验室,鼓励发展保险科技中介机构,强化保险产品设计和业务经营模式的创新,鼓励传统保险机构通过保险科技转型升级。

第四,围绕特定险种整合上下游产业链,拓展销售渠道,促进保险新产品的研发,找准最能见效果的领域进行重点发力

三、加强保险基础信息共享平台建设

第一,构建高效可靠的保险科技数据基础设施,打破"信息孤岛"现象,通过保险科技信息平台建设实现保险业与社保、卫计、民政、公安、法院等部门及其他金融行业之间的信息交流共享,依托大数据平台开展产品创新、服务创新。

第二,大力推动金融数据中心和云服务平台建设,更好适应高并发、多频次、大流量等新型保险业务需求。

第三,加强金融系统信息安全工作的领导,提高安全管理水平和事件处理能力,确保业务数据和客户信息的安全。

第四,大数据的有效使用应以数据内容和业务流程的匹配程度为重点,通过获得覆盖业务全流程的数据,提高数据分析质量,并采用相关数据改进管理、提高经营效益。

第五,发挥各方优势,在大数据领域深度合作,建立全面有效的保险数据库,依托大数据平台开展产品创新、服务创新。

第四章 宁波航运保险创新发展研究

大力发展航运保险,将宁波打造成为区域性航运保险服务中心,是宁波保险创新推进保险型城市建设的重点任务之一。宁波具有发展航运保险的优势条件,最早的宁波民族保险业也萌芽于水险(海上保险),"一带一路"建设以及长三角一体化发展、浙江自贸区建设等国家战略,为宁波推进航运保险创新发展提供了重要的历史机遇。完善的航运保险体系犹如一颗定心丸,将为宁波持续发挥外向型经济优势、有序推进"三位一体"港航物流体系①保驾护航。本章从宁波区位条件、资源禀赋优势出发,以航运保险创新推进宁波保险产业发展、服务实体经济为目标,通过剖析宁波航运保险供求匹配状况、借鉴国内外航运保险发展经验,探讨宁波航运保险创新发展的思路和对策。

第一节 宁波航运保险发展现状剖析

航运保险是金融业和航运业的连接点,在高端航运服务业中一直占据着重要的地位。本节将从宁波航运保险现实需求与实际供给出发,分析供需双方匹配情况及其背后的原因,为后续从供需两端探讨宁波航运保险创

---

① 在国务院正式批复的《浙江海洋经济发展示范区规划》中,浙江省要着力构建的"三位一体"港航物流服务体系由三部分构成:大宗商品交易平台、海陆联动集疏运网络、金融和信息支撑系统。《宁波市海洋经济发展规划》中的港航物流服务体系的总体构架与《浙江省海洋经济发展示范区规划》中的港航物流服务体系是一致的,所不同的有两个方面。一是港航物流服务体系的内容更加具体化,如在大宗商品交易中心建设领域,进一步深化到规划建设的一些大宗商品交易中心;二是港航物流服务体系的构成结合宁波的具体条件有所拓展和选择,如在金融服务领域拓展到离岸金融业务,在港口物流领域强调了发展航运服务业。总体设想是:发挥港口资源优势和区位交通优势,加强现代化国际枢纽港建设,着力构建大宗商品交易平台、海陆联动集疏运网络、金融和信息支撑系统"三位一体"的港航服务体系,努力建设成为上海国际航运中心和国际金融中心的主要组成部分。

新发展思路与对策提供依据。

一、宁波航运保险创新发展的需求分析

根据航运保险的发展历程以及学界对于航运保险内涵的界定,传统航运保险主要指为货物跨洋运输过程中造成的货物损失风险、船舶损坏风险以及船舶、码头的建造风险所提供的保险服务。近年来,随着跨境贸易和跨境投资的快速发展,针对对外贸易、投资过程的融资、经营以及汇兑等风险提供保险服务也成为航运保险企业的主要业务内容之一,且与传统航运保险业务的关系日益紧密,航运保险的范畴事实上已经得到明显拓展。本书将上文的传统航运保险服务称为狭义航运保险;在狭义航运保险基础上再加上针对对外贸易、投资过程中的融资、经营以及汇兑等风险的保险服务,称为广义航运保险。

根据上述广义航运保险内涵,宁波航运保险产业发展的需求主要由以下两类产业的发展引致:第一类是对外商品贸易、对外投资等经贸活动;第二类是为对外经贸提供服务和支持的产业,主要包括航运业和港口建设等。

(一)对外经贸活动引致的保险需求

对外商品贸易主要面临两类风险需要保险予以保障:一类是商品出口可能因为应收款汇款周期较长而引起的资金流动风险;另一类是货物运输过程中因自然灾害或其他因素导致经济损失的风险。比较而言,覆盖第二类风险的保险需求是航运保险的重点。

对外投资活动中的政策差异、政治不稳定以及汇率波动等因素也给企业造成巨大风险,从而也引致了较高的保险需求。

(二)港航产业发展引致的保险需求

伴随着商品贸易的发展,宁波港航产业也呈现快速发展的态势,产业面临的风险不断上升,对保险产品需求持续扩大。就航运业而言,其面临的首要风险来自运输过程中的船舶破损,其次则是造船过程中面临的工程、材料以及资金等方面引起的责任风险,此外还有码头在建设运营过程中面临的建设、工程机器运转等诸多不确定性引起的风险。

二、宁波航运保险创新发展的供给状况

宁波拥有全国唯一一家专业化航运保险法人——东海航运保险公司[①]，此外其他一些保险公司也在开展与航运保险相关的业务，基本形成了产品种类相对齐全的航运保险供给体系。

（一）航运保险供给主体

东海航运保险公司作为宁波地区唯一的保险法人机构，专注于航运保险，提供船舶险、货物险以及责任险等多个险种，服务的对象包括船舶企业、贸易商以及码头等多个主体。

此外，在宁波开设分支机构的综合性财产保险公司均提供涉及对外经济的保险产品，但大多数机构与航运保险相关的业务规模比较有限，业务主要集中于国寿财险、人保财险等少数几家机构。例如，国寿财险在宁波保税区成立了专门的分支机构，负责保税区和宁波地区跨境电商保险业务；人保财险作为国内航运保险业的领导者，已成为东海航运保险公司之外宁波地区最主要的航运保险承保机构，且在信用保证保险市场占据较大份额。

（二）航运保险产品供给情况

概括说来，广义的航运保险产品主要包括四类。

1. 信用保证保险产品

这类产品旨在为出口企业的应收款和信用证提供担保和保险，以覆盖可能出现的货款拖欠和货款损失风险。当前，除了市场化的信用保证保险外，宁波市政府还与人保财险宁波分公司合作推出了面向小微出口企业的出口信用保险和小额贷款保证保险，由政府出资对保费进行补贴，以扶持小微出口企业的发展。

2. 跨境电商保险产品

目前开展较为成熟的保险品种包括仓储险、货物险和退货运费损失险

---

① 东海航运保险股份有限公司成立于 2015 年 12 月，总部设在浙江宁波，由宁波舟山港集团有限公司、上海国际港务（集团）股份有限公司、宁波开发投资集团有限公司等共同发起组建，属国内首家航运保险法人机构。目前已在全国主要沿海港口城市开设宁波、上海、福州、大连、青岛五家省级分公司。

等。此外,保险机构正尝试推出退货损失险、3C 产品延保责任险[①]等险种。

3.狭义航运保险产品

主要提供的产品有货物运输险、船舶险、船舶建造险以及相关的责任险等。此外,东海航运保险公司还为宁波港、上海港等港口提供相关保险产品,如港口设备首台(套)险[②]等险种。

4.海外投资保险产品

投资保险类产品针对的风险包括征收、汇兑限制、战争及政治暴乱、违约风险等四大类,主要由中国出口信用保险公司提供。

三、宁波航运保险供求匹配情况分析

总体而言,宁波已初步建立了比较完备的航运保险供给机构体系和保险产品体系,能够在一定程度上满足宁波本地的保险需求,即实现了供求基本匹配。例如,针对港航产业发展引致的保险需求,以东海航运保险公司为代表的保险机构,已经在货物险、船舶险等航运保险主流险种领域开展业务,从而能够覆盖宁波港航产业发展的基本需求。再如信用保证保险以及正快速发展的跨境电商系列保险,有效满足了对外商品贸易引致的保险需求。

必须指出,对比宁波航运保险发展目标[③]——"逐步建成市场体系完善、服务优势明显、创新动能强劲,立足宁波、服务全国、辐射世界的航运保险产业基地和航运保险创新中心,实现航运保险集聚化、高端化、国际化发展",上述供求匹配程度仍有明显差距,无法充分满足宁波港航产业的发展需求。

[①]　3C 产品是计算机类(computer)、通信类(communication)和消费类(consumption)电子产品的统称。消费者在购买上述三类产品之后除享受厂家原有"三包"服务之外往往还存在较强的延保需求,而延保的承担机构可通过购买保险,将可能发生的延保风险转移出去,该类保险产品即为 3C 产品延保责任险。

[②]　因为重大设备一般投资较大,而在首次使用之前又可能存在诸多未知风险,所以企业往往对首台(套)重大设备的投资意愿不足。为了推动企业在重大设备上的投资,政府以"政保合作"的形式为企业首次应用重大设备提供了保险补贴,即为首台(套)险。而重大设备在港口建设中应用普遍,所以港口设备首台(套)险需求较大。

[③]　参见《宁波市人民政府办公厅关于推进航运保险发展的实施意见》(甬政办发〔2019〕9 号),发布于 2019 年 10 月 31 日。

（一）航运保险机构供给和创新能力相对较弱

目前，宁波航运保险的供给和创新能力仍然偏弱，保险服务效率低下，成本偏高，无法很好满足航运保险需求，主要表现在以下三方面。

1.航运保险机构整体实力较弱

尽管宁波已成立了全国首家航运保险法人机构，但至今整体实力较弱，承保大型项目的能力有限。在调研过程中，该公司多次指出在面对本地重大保险项目时，如对港口建设项目的保险、对超大型货轮的保险等，因为实力问题——主要体现为保险机构资本规模、风险承受能力等，无法独立或作为主体承接保险业务，导致保险业务外流。

2.航运保险产品和服务竞争力不足

宁波航运保险产品和服务的竞争力受到两方面制约：一是供给成本；二是配套服务。受政策和产业集群等因素的影响，宁波航运保险的供给成本往往高于竞争城市，而宁波配套服务不足又进一步降低了宁波航运保险服务的便利性，增加了隐性成本。保险产品和服务竞争力不足，不但无法有效地将外地保险业务吸引至本地市场，而且导致本地业务资源大量流向外地市场。

3.航运保险产品创新不足

虽然宁波近两年来推出了不少保险创新产品，在航运保险领域的创新却明显偏少。相较于上海航运保险创新的不断涌现，宁波航运保险领域的创新能力仍然偏弱。在调研中，航运保险企业多次强调——许多领域的创新意愿受限于多种因素而无法开展。具体原因有三个。

第一，宁波涉外保险供给主体虽然数量众多，结构多样，但多为分支机构，供给和创新能力相对不足。东海航运保险公司虽然是宁波本地法人机构，但受限于资本规模和股权结构，经营业务的种类和范围受到极大限制，企业的发展速度仍然偏慢，航运保险的供给和创新能力同样偏弱。

第二，宁波虽然是国家保险创新综合试验区，但相较于航运保险发展的主要竞争城市，宁波所获得的国家政策支持不仅力度不够而且内容有待明确。上海作为国内航运保险的中心，在航运保险领域获得了国家力度较大且内容明确的政策支持，政策内容包括保险企业运营上的税收优惠、保险企业人才引进方面的税收优惠以及制度创新和产品创新方面的自主权限等。

第三，宁波航运保险供给和创新的基础条件比较薄弱，限制了保险供给和保险创新能力。航运保险的发展依赖于航运服务全产业链和金融业的发展,航运服务全产业链的发展有利于降低航运企业的隐性成本,而航运金融业的集聚有利于航运保险企业降低运营成本从而提高产业竞争力。宁波在上述两方面仍存在明显缺陷,发展相对滞后,从而限制了航运保险供给能力的进一步提升。另外,相较于上海,宁波科技产业的基础仍然薄弱,在保险科技运用上仍存在相当大的空白,也在一定程度上制约了航运保险的创新能力。

(二)本地企业的航运保险需求未得到有效挖掘

目前,未能得到有效挖掘的航运保险需求主要来自对外商品贸易领域。虽然购买货物险等航运保险产品是对外贸易业务开展过程中的必然要求,但宁波的情况比较例外,较多的宁波外贸企业或出于对相关保险认识不够的原因,或为了减少操作麻烦,往往将货物保险打包交给国外的交易对手处理,导致外贸领域的航运保险需求大量流向外地,甚至外国。航运保险业务的大量外流,降低了本地航运保险市场的活跃度,无法形成航运保险的规模优势,从而阻碍了航运保险成本的下降,形成了恶性循环。

第二节 国内外航运保险发展经验

本节选取拥有世界上最大的国际保险市场并占据航运保险领先地位的伦敦、吸收全球航运保险发展先进经验而发展成为新兴航运保险中心的新加坡、多国联合协作而发展成为全球性航运保险中心的北欧(以挪威为中心)以及依托"两个中心"和自贸区建设而集聚航运保险相关产业的上海为典型案例,剖析它们推进航运保险发展的经验,以期为推动宁波航运保险创新发展提供借鉴和启示。

一、伦敦:产业集聚与产业融合的先天优势

(一)伦敦航运保险市场发展概况

作为全球的金融中心,伦敦拥有世界上最大的国际保险市场,全球20家顶尖保险公司都在这里设立了办事机构,经营着来自世界各地的几乎所有类型的保险业务。在航运保险领域,伦敦市场占据绝对的领先地位,世界上最大的保险市场(企业)——劳合社保险市场,最早即作为航运保险交易的场所诞生于伦敦。根据 2016 年的全球航运保险报告，伦敦市场占据全球保赔保险的份额达 62%，占全球货物运输险的份额为 13%，占全球船舶险的份额为 23%，而占全球离岸能源险的份额更是高达 72%。在航运保险领域，伦敦市场的优势无可撼动。

伦敦航运保险市场的发展是一个以市场自发为主的过程，根据发展背景和发展内容的差异，可以将伦敦航运保险的发展历程分成发展早期（17 世纪至 20 世纪初叶）和发展后期（20 世纪初叶至今）两个部分。

17 世纪开始，随着航海大发现和英国工业能力的上升，英国成为世界上最重要的贸易进出口国，而伦敦成为全球最重要的港口之一。伴随着航运业和货物贸易的快速发展，伦敦航运保险业快速崛起，迅速取代了航运保险的起源地——意大利，成为世界最主要的航运保险市场，当今世界最主要的国际保险市场——劳合社保险市场即起源于这一时期。与此同时，英国航运保险的配套产业也随着航运业和航运保险业的发展而逐渐完善，如全球知名的劳氏船级社，即是劳合社为了解决航运保险发展过程中的信息不对称而建立的，另外还有 1744 年建立的波罗的海航运交易所、1823 年建立的波罗的海俱乐部等。此外，英国政府也不断调整法律制度，以适应航运保险的发展，涉及的法律法规包括《海商法》《海上保险条款》《企业法》等。20 世纪初叶，伦敦航运保险市场发展基本成熟，同时还建立起了较为完善的航运保险法律体系和相应的配套产业。

20 世纪初叶开始，随着美国、德国等新兴资本主义国家的崛起，英国逐渐失去了在国际贸易中的主导地位，伦敦也失去了航运大港的地位。但是伦敦航运保险市场凭借早期的发展形成了完善的航运和金融服务体系，而且伦敦作为国际金融中心，高端航运服务业和金融业高度集聚融合，伦敦虽然不再直接依靠港口产业，但凭借优质的高端航运服务和雄厚的金融资源，继续吸引着全世界的航运产业客户。至今，伦敦在航运保险以及配套产业上继续保持着绝对主导甚至垄断地位。

（二）伦敦航运保险市场的特点——产业集聚与产业融合

伦敦航运保险市场已成为高度集聚、融合的伦敦航运、金融服务业有机体的一个重要组成部分，并且获得了完善的配套产业的支持。

伦敦的航运服务业以船舶经纪和船舶交易为中心，包括船舶融资、船舶检验、航运保险、海事法律等多个产业的融合，这些产业相互联系和支撑，成为航运保险发展的基础条件。因此,目前伦敦在国际航运服务业中建立起了全方位商业服务矩阵式集群网络,聚集了大量的船务经纪、律师、海事仲裁员等航运服务业专业人才。

在伦敦航运保险市场中,最重要和直接的配套产业为保险经纪业。由于航运保险本身存在风险大、保额高的特性,任何独自承担过多航运业务的保险企业都会增大其经营风险,从而削弱其可持续承保能力。一般而言,航运保险投保人首先与保险经纪进行接洽,它们更多起到信息处理与共享平台的功能,了解不同保险企业的承保能力和风险偏好,以期良好地匹配投保人与保险机构,在降低风险的同时也降低投保成本。除此之外,保险经纪公司还可以与再保险公司取得联系,进一步分散风险,提高整个行业的风险承受能力,协助整个航运保险业更好发展。经过数百年发展的伦敦航运保险经纪人制度得到了充分认可,保险经纪人的信誉监管体制十分成熟,经受住了市场的考验。

除此以外,伦敦航运保险市场还与上游产业紧密相连。United States Salvage Association 以及 BMT Marine & Offshore Survey 是与伦敦联系最紧密的世界知名调查公司,其功能是搜集、整理和提供来自世界各方面的航运信息,以便于航运保险的各方当事人在估损和理赔时掌握更多的信息,并提供更完善的服务。

伦敦完整的服务生态、流水线的检验及理赔体系、明晰的条款及法律环境吸引着全球的航运企业投保伦敦航运保险,促使其牢牢占据全球航运服务业的上游和产业链的高端。

(三)政府政策——宽松优化的法律政策环境和积极的推广活动

尽管伦敦航运保险市场的发展是一个市场占据主导的过程,但为了创造最优的发展环境,英国政府还是采取了一系列的政策予以支持,主要体现在三个方面:一是直接提供税收支持;二是不断调整法律法规政策以适应航运金融、保险业发展;三是由政府出面将包括航运保险服务在内的高端航运服务业向全世界推广。税收支持主要表现在对船舶险、国际中转货物保险等免征营业税。下面重点论述法律法规调整与宣传推广。

1.法律法规调整

与航运保险直接相关的法律法规主要包括两类。第一类是直接规范航运保险条款和规则的法律,从而形成自己的核心竞争力。英国的《海上保险法》制定于 1906 年,是世界上最早的海商保险法之一,该法典历经多次修订①,目前已成为全世界通用的海上保险法典,是伦敦航运保险中心的核心支撑要素之一。第二类是用于规范航运保险中介的法律法规。以劳合社为代表的航运保险中介体系是英国航运保险的主要特色和核心竞争力之一,为了规范劳合社市场的业务运行,英国政府早在 1871 年就制定了专门的《劳合社法》,对劳合社的经营内容、组织方式进行了规范,保证了劳合社市场的长期健康发展,最终实现了今天的劳合社市场。

2. 宣传推广

在海事推广方面,伦敦成立了海事伦敦和海洋视觉两个专业组织,专门负责此类业务。海事伦敦成立于 2000 年,由伦敦的航运企业、航运服务企业以及相关金融企业共同组成,从全产业链合作的角度促进伦敦航运产业和航运服务业,尤其是航运金融业的发展。该机构由一个专门委员会负责具体事务,并面向所有企业开放,为在伦敦开展业务的所有航运企业和航运服务企业提供专门服务和技术支持。海事伦敦现在拥有约 100 家公司和组织会员,涉及船舶经纪、租船、保险、海损理算、融资、法律、船级、出版、船东和会计等领域。该机构的存在有力地拉动了位于伦敦的所有航运利益团体与其他组织机构之间的合作关系,对推动伦敦和英国的航运金融产业集聚产生了重要影响。海洋视觉成立于 2003 年 5 月,主要负责提升民众尤其是年轻群体对海运活动和海运职业的了解程度,提升其职业兴趣和职业荣誉感,为海运业后备人才培养提供支持。目前,海事视觉已经得到超过 200 家海事单位的支持,这些单位涉及航运(海洋)金融、船舶和航运(海洋)设备制造、港口、海洋渔业以及学术研究等多个领域,开展的内容兼具多样性和趣味性。

海事推广的具体业务又分为面向国外的推广和面向国内的推广两类。前者负责将伦敦包括航运保险在内的航运金融专业服务向全世界推广,开拓新的市场;后者则旨在通过提升对英国航运金融服务业重要性的认识,以提升国内金融产业与航运保险的合作关联度,从而提升航运产业从业者的

---

① 开始时,英国的《海上保险法》同时适用于船舶保险和货物保险,但是在 1982 年和 1983 年,伦敦保险协会分别制定了新的海上货物运输保险条款与船舶保险条款,完善和扩充了原有的海上保险法体系。

职业自豪感和职业素养。

伦敦航运服务业在向海外推广时采取了差异化的策略。在巴西,伦敦航运服务业就两国合作的关键领域包括风险资本、再保险法律服务和碳交易市场等方面进行重点推广,为研究巴西市场和英国企业面临的新商业机会提供科研经费;在俄罗斯,针对其资本短缺的情况,重点推荐伦敦实力雄厚的航运资本市场,鼓励俄罗斯航运企业赴伦敦市场融资;在印度,针对其航运企业在管理和营商环境方面的落后现状,通过主动的公关活动向人们展示英国航运金融服务提供商的专业水平和吸引力,帮助印度发展与国际最佳做法一致的有利营商环境;在中国,针对航运业快速发展、航运服务专业能力缺乏的现状,大力推广伦敦航运和金融保险等相关专业服务,在"中国金融和专业服务周",探讨英国金融和专业服务如何从中国受益,并确立英国服务部门的优势内容,包括并购、资产管理以及争议解决等在内的航运服务。随着海湾国家开放力度的加快,海湾地区的航运金融业务快速发展,伦敦也将该地区视作新的市场开拓对象,并将海湾的多个国家和城市确定为英国航运金融专业服务的重点合作对象。

除了向国外推广外,伦敦也不遗余力地在国内推广高端航运服务业。伦敦的国内推广团队努力提升民众对航运服务业重要性的认识,并与海外推广、监管和贸易团队合作,以期最大限度地为英国企业提供海外机会,重塑监管制度。

二、新加坡:吸纳全球先进经验,提升全产业链水平

20 世纪六七十年代开始,新加坡利用自身独特的地理优势,抓住国际贸易和国际航运业快速发展的机遇,大力发展中转航运服务业,成为亚洲新的航运中心。进入 21 世纪,随着上海港等亚洲新兴港口的崛起,新加坡受到的竞争压力逐渐增大。在此背景下,新加坡及时推出促进转型升级的产业政策,在原有港航产业的基础上,大力发展包括航运保险在内的高端航运服务业,从而在国际航运服务业价值链的上游占据了一席之地。比较而言,新加坡促进航运保险发展的专门性产业政策并不多,更多地表现为将航运保险产业视为高端航运服务业和航运金融业的一个有机组成部分,通过促进航运服务业和金融整体环境的发展推动航运保险的发展。

（一）多项政策组合推动航运保险和高端航运服务业发展

新加坡促进航运保险发展的专门性政策是对船舶险和水险等责任险免征所得税,并对航运保险企业的高管减免一定比例的个人所得税。除此以外,新加坡一系列推动整体航运服务业发展的政策也将对航运保险产生间接性影响,具体内容介绍如下。

1.核准国际船务企业计划(AIS)

该政策主要针对在全球拥有经营网络和良好业绩,且在新加坡注册的国际航运企业,具体内容包括三方面:(1)在有效期内,从国际贸易和船运活动中赚取的收入,只需以优惠税率缴税;(2)该计划下受惠的公司,从2005年起,卖船所取得的盈利无须缴税;(3)5年初始优惠期后可延长。

2.核准船务物流企业计划(ASL)

该计划主要针对在新加坡具有详尽业务拓展计划的物流企业,或者将物流和货运业务基地设在新加坡的企业。具体内容包括三项:(1)获颁核准船务物流企业奖项的公司,从批准活动中所获得的新增收入,将享有不低于10%的税收减免;(2)在新加坡维修、购买或者租赁集装箱的花费可免缴消费税;(3)5年初始优惠期。

3.新加坡海事金融优惠计划(MFI)

该计划主要针对注册地为新加坡的经营性租赁船舶以及由AIS计划支持下的公司经营的租赁船舶。具体内容包括两项:(1)在10年优惠期内买下的船只所赚取的租赁收入,将永久豁免缴税,直至相关船只被出售为止;(2)负责管理船务基金或公司的投资管理人,只要符合条件即可享有10%的优惠税率,为期10年。

4.新交所亚洲结算行(SGX Asia Clear)

服务对象包括经营各类业务的船舶公司,具体的服务内容包括两项:(1)服务本地的衍生商品市场,为场外交易(OTC)产品提供清算;(2)现已能为包括船舶公司在内的业者在场外交易的石油调期和船运期货合同提供每天20小时的环球结算服务。

5.船舶注册登记制度

该制度针对在新加坡注册的各类船舶,主要包括三项内容:(1)凡在新加坡登记的客轮、油轮、货轮,免收所得税、公司分红税、个人所得税、利息税;(2)船舶租赁、买卖收益税在2005—2009年免征;(3)船舶抵押视同临时登记。

　　上述 5 项政策虽然没有直接针对航运保险企业和航运保险产业,但通过改善航运业整体发展环境,对航运保险和航运金融业产生了间接的推动作用。当前,高端航运服务业已经成为一个多产业高度融合的行业部门,伦敦航运保险发展经验表明,航运产业的集聚是航运保险发展的基础条件。新加坡所推出的上述产业政策吸引了国际船运公司、船务管理公司、船代公司、货代公司和物流公司入驻新加坡开展和扩张业务,鼓励船务投资及管理公司设立相关投资工具,鼓励发展海运信托基金等船舶投资工具,通过优惠措施推动商船队发展并吸引船舶注册。而造船、运输和物流正是航运保险最主要的投保对象,因此上述推进航运服务业集聚发展的产业政策大大推动了航运保险业的快速发展。

　　(二)优越的法律政策环境适应航运保险发展

　　航运保险业的充分发展依赖于完善的海商类法律、仲裁制度以及其他配套设施,新加坡作为航运业的后起之秀,在立足自身特色的同时大力吸收西方发达国家的经验,形成了独具特色的新加坡航运保险法律政策体系。

　　1.法律体系

　　包括两部分:一是与海商相关的法律体系;二是与保险相关的法律体系。

　　新加坡的法律以英国法律体系为渊源,与海商相关的法律体系亦源于英国的海商法,新加坡目前已经形成了比较完整的海商法律体系。新加坡海商法包括海上货物运输、海事法和商船法三个方面。海上货物运输方面包括《海上货物运输法》和《提单法》;海事法主要指《新加坡高等法院(海事管辖权)法》;商船法方面则有《商船法》。此外,1996 年 2 月 2 日,新加坡政府设立海运与港口管理局(MPA),负责监管新加坡港的港口和海运服务,海运与港口管理局也被赋予了一定的立法权和执法权。

　　新加坡在保险领域的基本法律为 2002 年修订的《保险法》。保险法律的具体事务由新加坡金融管理局(MAS)主管。除了基本的《保险法》,在MAS 负责执行的保险类附属法律中有专门针对航运保险的条款。此外,新加坡还有专门的法律条例规范保险中介的行为。

　　2.仲裁制度

　　新加坡着力打造先进的一站式仲裁体系和独具特色的双轨式仲裁机

制。麦士威议事厅（Maxwell Chambers）是新加坡打造一站式仲裁体系的优秀成果，也是新加坡吸收全球先进经验打造航运全产业链的典型案例。新加坡吸引全球众多的知名仲裁机构入驻，并将其集中安排在麦士威议事厅，其中包括国际商会仲裁院（ICC）、国际争议解决中心（ICDR）、国际投资争端解决中心（ICSID）、常设仲裁法院（PCA）、伦敦国际仲裁院（LCIA）、世界知识产权组织仲裁与调解中心（WIPO AMC）、英国皇家特许仲裁员协会（CIArb）、新加坡仲裁员协会（SIArb），以及专门处理商事海事纠纷的新加坡国际仲裁中心（SIAC）和新加坡海事仲裁院（SCMA）。这些机构能够满足航运全产业链各子环节的仲裁需要，在麦士威议事厅可以一站式解决航运产业的全部仲裁问题，大大提升了仲裁的效率。通过引进知名仲裁机构，学习全球通用仲裁规则，新加坡本土的仲裁机构水平也得到了显著提升。比如新加坡海事仲裁院在遵循原有国际商会仲裁模式的基础上，积极吸收伦敦海事仲裁员协会的仲裁模式和仲裁规则，形成更具灵活特点的仲裁模式，日益受到海事界的欢迎。

所谓双轨式仲裁机制，是指在新加坡实行两套独立的仲裁立法体系，当事人可以根据需要自主选择。

第一，对于适用的仲裁法规，当事人既可以选择适用本地仲裁的《仲裁法》（AA），也可以选择适用国际仲裁的《国际仲裁法》（IAA）。目前，由于新加坡积极吸收国际先进仲裁经验和模式，再加上新加坡本身较完善的法律环境，新加坡本地的仲裁裁决在全世界均具有较高的公信力，不论是选择适用本地仲裁的《仲裁法》，还是选择适用国际仲裁的《国际仲裁法》，均能得到切实有效的执行。

第二，对于仲裁规则，新加坡仲裁既可以根据机构仲裁的方式来进行，也可以选择按照临时仲裁规则来处理。因此，当事人可以选择当地特有的仲裁机构如新加坡国际仲裁中心来管辖，也可以选择适用当地特有的规则，如新加坡海事仲裁院规则（SCMA 规则）（IAA 适用于 SCMA）。

第三，对于仲裁员和律师，当事人也具有自主选择权，当事人不仅可以自主选择新加坡当地的仲裁员和律师，还可以选择外籍仲裁员和律师。这是因为新加坡的国际仲裁业务向外国律师开放，这些外国律师到新加坡开展国际仲裁业务无须工作许可证。再加上在新加坡的仲裁可以选择国际通用法规，因此即使是不熟悉新加坡法律的外国当事人也可以非常方便地在新加坡进行仲裁。

　　3.其他配套措施

　　如：吸引保赔协会入驻，标准保赔协会(英国)、船东保赔协会(卢森堡)、UK 保赔协会、北英保赔协会、日本保赔协会、Skuld 保赔协会(挪威)和嘉德保赔协会(挪威)等诸多国际知名的保赔协会均已经在新加坡设立了办事处；鼓励创新，新加坡港务局 2003 年设立海事创新基金，以鼓励海洋研发活动的开展。

三、北欧(挪威)：以知识产权为突破口的多国合作模式

(一)以挪威为中心的北欧四国航运保险市场发展概况

　　挪威地处北欧，位于斯堪的纳维亚半岛西部，以石油开采和海事产业作为支柱产业，海事产业目前是挪威第二大出口行业，约占挪威出口总额的三分之一，海事产业的从业人数超过 10 万人。根据挪威海事部门的统计，挪威的海事产业主要包括四大部门：船东、海事服务(包括技术服务，金融和法律服务，贸易、港口和物流服务)、船厂、海事设备(包括船舶设备、海洋工程船及平台设备、渔业捕捞及水产养殖设备)。目前属于海事服务组成部分的航运保险已经成为挪威重要的海事分支产业。根据 2016 年全球航运保险报告，挪威是仅次于英国的全球第二大航运保险市场，其保赔保险占全球市场份额的 30％，货物险保费收入占 1.6％，船舶险保费收入占 9.5％。

　　为了应对不断加剧的航运产业竞争，以挪威为代表的北欧国家以知识和科技为驱动，以创新为竞争力，形成了独具特色的"挪威模式"。在"挪威模式"之下，北欧国家航运保险具备鲜明的产业特色：四国以挪威为中心，紧密合作，形成了稳定的法律体系、自有知识体系和较为全面的海上保险产品体系。

(二)北欧四国在航运保险领域合作的基本情况

　　挪威虽然已经在航运保险领域取得了一定成就，但由于挪威国家本身规模偏小，缺乏进一步开拓国际航运保险市场的实力和影响力。为此，挪威积极与北欧地区同样存在航运保险开拓欲望的其他三国(丹麦、瑞典和芬兰)开展合作，形成了具有独具特色的北欧合作模式。目前，北欧四国的航运保险合作事务由海事保险业北欧协会(CEFOR)负责管理和协调，该协会的最主要工作之一是制定北欧统一的航运保险条款，并向全球推广。

(三)北欧四国航运保险条款的基本情况

航运保险条款是航运保险服务的基础和核心竞争力,对专业知识技能的要求极高,挪威依托自身造船和船东产业的优势,充分考虑船东的利益,并结合保险企业、货运委托方的诸多利益相关方的意见,创立了独具特色的航运保险条款。

1876 年颁布的《挪威海上保险条款》(*Norwegian Marine Insurance Plan*,NMIP)是世界上最早出现的海上保险条款之一。与早期出现的其他海上保险条款类似,1876 年版 NMIP 同时适用于船舶保险和海上货物保险。之后,为了适应经济组织形式和技术的快速发展,NMIP 历经多次修订,修订工作由挪威船级社负责。在 1964 年的版本(1964 Plan)中,为了适应航运保险的新发展,货物保险被剥离出来,仅保留了船舶保险条款,并引入了船舶保赔保险条款。1996 年,又对 1964 Plan 进行了修订,被称为 1996 Plan。在 1996 Plan 中,船舶保赔保险被剔除,主要原因是保赔保险的分保比较特殊,而且国际性很强。在 1996 Plan 之后又有 1997 年、1999 年、2000 年、2002 年等多个年度的修订版本。2003 年,海上保险中央联盟取代挪威船级社开始负责 NMIP 的年度修订工作,在前者领导下又出现了 2003 年、2007 年和 2010 年三个年度的修订版本。

从 NMIP 中剥离后,专门的《海上货物险条款》(*Plan for Insurance for the Carriage of Goods*)在 1967 年又被引入;1995 年,该条款经修改并被更名为 *Norwegian Cargo Clauses:Conditions relating to Insurance for the Carriage of Goods of 1995*,目前使用的是 2004 年版,简称 Norwegian CC。

2010 年 11 月,一个专门的委员会在北欧四国的船东协会和北欧保险公司协会的领导下成立,该委员会负责起草、修订新的北欧海事保险条款。该保险条款以 2010 年版的挪威海事保险条款为基础,适用于北欧四国,并在全世界范围内推广。新的北欧海事保险条款在 2013 年 1 月正式启用,称为《2013 年北欧海上保险条款》。该保险条款进一步加深了北欧国家在航运保险领域的合作,为世界航运保险发展做出了新的贡献。目前,该保险条款在世界范围内已经获得了与伦敦(英国)海事保险条款同等的地位,成为北欧国家与英国开展航运保险竞争的利器。

（四）北欧四国航运保险规则的特色

1. 完整、综合、协调的解决方案体系

北欧海上保险不只是关于船体的各种承保条件，它处理所有标准的非保赔保险和海上保险，包括一系列由成文法律规定的标准规定，同时也创建了协调而全面的海上保险框架体系，避免了漏洞或不必要的重复规定。这些特点和符合常识的方法能够有效管理关联双方在合同关系中所代表的船东、经纪人以及债权人的利益。北欧海上保险计划建立了一套简单、务实而有效的解决系统。

2. 为国际船东提供了最好的保障

该项计划除特殊情况外，所有的风险都被承保了，最大的优势体现在许多实务的细节中。由于其完善的框架和务实的内容，北欧海事保险计划成为国际非保赔航运保险条款的最佳实践。该项计划除了被北欧四国所采纳以外，还陆续被其他主要航运大国所采用。

3. 通过船东代表进行利益平衡

该计划由包括船东参与的委员会负责起草，充分考虑了被保险人的利益，同时也很好地保护了经纪人的地位。

4. 及时更新条款以紧跟市场发展节奏

北欧海上保险计划由海事保险业北欧协会以及船东协会代表所组成的常务委员会负责定期修改和更新，根本原则就是为其使用人员提供比其他国际市场所使用的标准更加清晰的解决方案。北欧海上保险条款对很多问题和实践操作进行了明确的解释，也是市场对该文本没有太多争论的重要原因。少数的争议也在外部估损和法律专家的帮助下得以解决。

5. 世界领先的理赔服务服务模式

北欧海上保险条款包含特定的条款，支持人们所熟知的北欧理赔处理模式，并建立相应的配套措施为全球航运业提供世界领先的理赔服务。北欧四国建立并共享涵盖全球上万艘商船的北欧海上保险数据库（NoMIS），它是迄今世界上最详细的海上保险数据库，对北欧成为海上保险精算和定价中心起到了重要作用。北欧市场也是海上保险的知识中心之一，汇集了各类专业人士、海上保险和相关知识的培训机构，还有国际认可的海上保险牵头核保人，通过高水准的专业知识和能力建立声誉和号召力，使其能够在共保单上找到跟随者。北欧对复杂的海上保险标的，通常要求保前风险评估和保证检验,提出改善安全条件的措施和建议,在保单中列明保证条件,对促进被保险人改进风险管理、对所服务行业的技术进步和节省成本起到了重要作用。鉴于竞争压力,保险公司逐步向技术创新和深化风险管理方向发展。

(五)积极多样的人才措施

为了吸收和引入航运保险核心研究所需的专业人才,挪威从三个方面提出措施并开展相应的工作。

第一,成立专门的机构负责人才和研究事务。秘书处负责统筹高校与业界之间的沟通和合作,并负责为高校和专业的研究机构招募航运保险研究人才。专门的合作研发战略机构协调挪威研究委员会、国际研究机构和政府之间的关系,为航运保险研究确定战略方向。

第二,为专业人才提供优越的工作环境。在挪威的航运保险研究中心——奥斯陆大学,设立多达 20 个专门海运教授席位,并给予优厚的经济待遇和研究条件。

第三,以挪威船东协会为首的航运实务界,积极吸纳专业研究人才,并通过创立研究基金等方式,鼓励开展航运保险研究。

(六)其他发展经验

挪威和北欧其他国家利用自身在造船、船舶运营、船舶经纪等领域的产业优势,大力发展保赔协会和保赔业务,国际保赔协会集团的 13 个成员方中有 3 个来自北欧,分别是挪威的嘉德保赔协会、Skuld 保赔协会和瑞典的瑞典保赔协会,数量仅次于英国,从而在国际保赔险行业获得了重要的话语权。此外,以挪威为代表的北欧国家还注重大力发展航运保险的其他配套产业,其中挪威船级社位列世界前五大船级社;挪威国际海运贸易航运展会是享誉全球的世界第二大航运海事船舶展会,也是当今世界造船领域规模最大、档次最高、影响力最强的专业性贸易展览会,成为推广和展示挪威航运服务的重要平台。

四、上海:多种优惠产业政策推动产业快速集聚和融合

(一)航运保险产业集聚基本形成

上海是我国经济和金融中心,在我国经济发展中发挥着龙头作用。为了进一步深挖上海经济的潜力,继续发挥上海在全国的带动和示范作用,提

升上海的国际地位,国家先后在上海开展了"两个中心"(国际金融中心和国际航运中心)建设和自贸区建设,给予大量的政策优惠和政策变革试验权。目前,"两个中心"建设和自贸区建设已经取得了丰硕的成果,航运保险的发展即为其中的典型。

航运保险作为金融产业和航运产业高度融合的交叉产业,受到上海高度重视,在多项产业政策的推动下,快速形成了相当规模的产业集聚。截至2018年年底,上海已集聚约60家财产保险公司经营航运保险业务,除了国内11家航运保险运营中心和唯——家航运类自保公司——中远海运财产保险自保有限公司外,还包括东京海上日动火灾保险、劳合社保险等多家国际知名航运保险机构在中国开设的分支机构,另有约200家保险中介机构以及大量的航运法律、海损理赔机构提供中介咨询服务,基本形成了完整的航运保险产业链。根据上海航运保险协会统计,2018年上海航运保险保费收入已达到34.6亿元,而根据国际海上保险联盟公布的统计数字,2016年上海航运保险保费收入已经超过香港,直逼新加坡。

(二)支持航运保险发展的产业政策

依托"两个中心"建设和自贸区建设,上海金融业和航运业快速发展,基本形成了完整的配套产业,为航运保险创造了良好的发展环境。在"两个中心"建设的要求下,上海不断改善金融发展环境,同时大力发展包括船舶交易、船舶管理、航运经纪、航运咨询、船舶技术等在内的航运服务业。

国家根据航运保险的发展目标,向上海提供了大量的优惠政策。2009年,随着"两个中心"建设方案的出炉,国家税务总局出台相应扶持条款,对注册在上海的保险企业从事国际航运保险业务取得的收入免征营业税,该政策保证了在上海开展的航运保险业务相对于国内其他地区拥有明显的成本优势。2014年9月,保监会出台了明确支持上海自贸区发展的三项举措,其中一项便是允许上海航运保险协会试点航运保险产品协会条款,备案后会员公司可以自主使用,该条举措极大地激发了保险产品创新活力。另外两项也与航运保险发展息息相关,一项是允许航运保险运营中心设立分支机构,取消在沪航运保险运营中心,再保险公司在自贸试验区内设立分支机构的事前审批改为由上海保监局实施备案管理;另一项则是取消自贸试验区内保险分公司高管人员任职资格的事前审批,改由上海保监局实施备案管理。上述三项举措对于丰富和发展上海航运保险市场体系起到了重要的促进作用。

在国家的支持和鼓励下,上海自身也积极探索制度创新,推动航运保险发展。2013 年,经上海保监局、上海市社团管理局批准,人保、太保、中再、平安、大地等 12 家保险公司和经纪公司发起成立上海市航运保险协会。协会的任务包括维护行业利益、增强行业呼声、促进合规经营、开展专业研究、提升有序发展、建设信息共享、推动国际交流以及加强人才培养等八大方面;业务范围为开展技术培训、开展统计调研、编辑出版业内刊物、提供咨询服务、开展国内外信息技术交流等。2014 年,航运保险产品备案制获得保监会审批后,上海航运保险协会即开始航运保险产品创新试点。此后,航运保险协会在航运保险产品注册制、航运保险条款制定以及航保指数建设等领域均发挥了关键作用,成为上海航运保险发展的主要推动力之一。2015年,上海航运保险协会正式代表中国成为国际海上保险联盟的一员,积极参与到国际规则制定中。2015 年 7 月 1 日,经保监会批准,在上海保监局的推动下,上海正式实施航运保险产品注册制改革,将原来的产品监管备案管理方式转变为以行业自律为主的注册管理方式。这一改革极大地激发了行业活力,促进了航运保险产品创新。截至 2018 年年末,共有 30 家保险公司、2 家保险经纪公司以及上海航运保险协会成为航运保险产品注册人,已有效注册产品 4585 个,超过注册制实施前已备案航运保险产品数量的 10倍。2016 年 9 月,在上海保监局的推动下,上海航运保险协会组织会员单位自主研究开发了航运保险专业指数。编制上海航运保险指数是我国保险业在航运领域的一项制度创新,充分体现了我国保险业的创新能力,有助于提高我国航运保险企业的风险管理和定价能力,引导航运保险行业理性科学经营,更好地服务于实体经济和国家战略的需要。

"营改增"实施后,针对实际操作中存在的问题,上海积极研究过渡性财政扶持政策,由上海市财政根据保险公司业务综合指标对原营业税免税险种进行财政补贴,并对保赔保险、境外远洋船舶保险两个险种进行更大力度的倾斜性扶持,以鼓励离岸航运保险业务发展。目前,上海保监局、市财政局、市金融办、上海保交所正在研究具体操作细则,争取尽快落实政策,助力更多航运保险主体在沪开展业务。

同时,上海还深入研究国际离岸保险中心税收制度,积极推动上海探索建立具有国际竞争力的离岸保险税制环境,争取涵盖航运保险、再保险、保险经纪的各个领域,从而为航运保险市场主体拓展跨境与离岸业务创造更为公平一致的税收环境。此外,上海还将继续推动航运保险市场主体与海事司法部门的沟通互动,在航运保险领域不断完善规则体系,让上海逐步成为国际航运保险业界认可的、具有高度公信力和影响力的司法仲裁中心。

五、国内外航运保险发展经验总结

(一)航运保险产业必须与金融体系、航运服务业以及法律制度相互促进

当代各国(城市)航运保险的发展已经离不开金融业、航运服务业等配套产业的支持,各国(城市)航运保险的建设思路亦是如此——在大力推动航运服务业和金融业整体发展以及法律制度完善的基础上实现航运保险的快速发展。因此,要实现航运保险业的高质量发展,必须从建设配套产业开始,辅之以相应的制度建设。

(二)航运保险产业的发展必须形成自身的核心竞争力

虽然伦敦航运保险业仍然在全球航运保险市场中占据领导地位,但其他国家(城市)正在利用各自独特的优势,发展各具特色的航运保险产业,并对伦敦的领导地位发起挑战。因此,对于当前航运保险产业仍然比较落后的国家和地区,为了实现产业发展的弯道超车,必须深入认识自身的优势,积极发展自身的优势产业,并从航运保险产业的上游发力,形成航运保险发展的核心竞争力,在航运保险产业链上占据有利位置。

(三)政府政策支持至关重要

不仅是相对比较信奉产业政策的东亚国家和地区(如新加坡、上海等)在航运保险发展的过程中政府产业政策发挥了显著作用,即便是信奉自由市场理念的西方国家(如英国和北欧四国),在航运保险发展的过程中也留下了政府干预的痕迹。在当前航运保险业竞争日趋激烈的背景下,航运保险业的发展仍将继续依赖于政府产业政策的支持。税收政策是当前各国(地区)促进航运保险产业发展最为主要和直接的手段,而创造优化宽松的制度环境,对航运服务业和金融服务业等配套产业予以支持等间接政策手段,同样发挥着重要的作用。

第三节　宁波航运保险创新发展思路与对策

本节从宁波航运保险发展现状出发，借鉴国内外发达国家和城市航运保险发展经验，提出了供给侧和需求侧联动发展的总体思路以及包括提升宁波本地航运保险机构实力、实现航运保险科技、航运保险核心知识产权和航运保险中介领域在国内率先突破、推进航运保险全产业链长期建设等方面的对策。

一、总体思路

（一）以航运保险供给体系建设为本，实现供给侧和需求侧联动发展

航运保险创新发展需要活跃的航运保险市场作为基本前提，而活跃的航运保险市场则需要以足够的有效保险需求作为保障。当前，宁波航运保险需求有限，且部分保险需求外流明显，因此，当务之急是刺激和挖掘有效航运保险需求。国内外航运保险发展经验表明，活跃、发达的航运保险市场固然需要巨大的保险需求予以支持，但持续、稳定的保险需求来源于完备的航运保险产品体系、质优价低的航运保险服务以及高效的全产业链服务，也就是说，高水平的航运保险供给和服务体系才是保证航运保险市场长期高质量发展的关键所在。因此，当前推动宁波航运保险创新发展必然需要强化供给侧和需求侧的联动发展。必须指出，对需求的刺激和挖掘只应作为短期手段，长期必须以航运保险供给体系建设为根本。为此，宁波航运保险创新发展应遵循以供给侧的长期建设为主、需求侧的短期挖掘为辅的策略推进。

（二）短期内避免与上海正面竞争，通过错位发展积蓄长期发展能量

上海是我国的经济和金融中心，并已基本建成我国的航运中心，在国家大量政策的扶持下，其航运保险的发展具有国内任何城市都无法比拟的产业基础优势和政策优势，并已在国内形成遥遥领先的态势。因此，宁波在航运保险业务和航运保险机构吸引方面已经不再具备与上海展开正面竞争的实力。但也应看到，当前我国航运保险业务在全球范围内仍处于较为落后的水平，存在诸多薄弱环节，尤其是在产业链上游。因此，宁波应在帮助本地法人机构逐渐发展壮大的基础上，通过发展上游航运产业和配套产业，聚

焦于保险科技推动航运保险创新,与上海优势互补,错位发展,并在上海现有发展领域之外拓展新的业务领域,为长期发展积蓄能量。

(三)形成整体联动的长期发展战略

伦敦、上海等航运保险发达地区的发展经验表明,航运保险业务作为整体产业链中的有机融合体,其发展和创新离不开上下游配套产业的支持。因此,航运保险的创新发展必须与上下游配套产业的建设整体联动、协同发展。而上下游配套产业的发展绝非一朝一夕之功,因此长期建设是整体联动、协同发展战略思路的必然要求。

二、拓展宁波航运保险需求

(一)实行保费补贴,吸引航运保险业务流向本地市场

为了降低宁波航运保险成本,提升宁波航运保险市场的活跃度,最直接的举措即为复制上海自贸区经验,设立专项基金,对东海航运保险等航运保险企业开展的保险业务进行税收补贴,提高其竞争能力。补贴的对象主要有两类:一是对本地保险法人机构开展的所有业务,包括在外地开展的业务进行保费补贴,以推动本地航运保险法人机构发展;二是对所有在本地开展的航运保险业务进行补贴,而不论保险服务供给对象是否为本地法人机构,从而吸引更多的航运保险业务流向宁波市场,吸引更多的保险机构入驻宁波,以快速实现航运保险产业的集聚。

(二)深入挖掘本地航运保险业务

为解决顾客保险意识不足的问题,由东海航运保险公司牵头,政府有关部门提供协助,深入企业宣传航运保险的相关知识和操作,对本土企业因自主购买保险产生的费用进行适当补贴,确保本土企业自主购买保险所付出的成本低于传统的直接打包模式。同时,鼓励东海航运保险等保险公司协助企业与外商沟通,对企业收回保险自主购买权后的定价予以支持。

三、提升宁波航运保险供给能力

根据需求、供给同时发力的发展思路,建议重点推进六个方面的长期建设,以期提升宁波航运保险的供给能力。

(一)提升本地航运保险机构的实力

为了提升以东海航运保险公司为代表的本地航运保险企业的实力,除

了前文所提到的保费补贴外,建议采取以下两项扶持政策。

第一,支持东海航运保险机构的股权结构改革。要提升航运保险业务开拓能力,必须先大幅扩大机构的注册资本。在股东关系协调上政府提供支持,与人保集团、开投集团、宁波港集团、上海港集团等企业建立协商机制,扩大东海航运保险公司的业务范围。同时借鉴混合所有制,考虑引入战略投资者,鼓励民间资本对东海航运保险公司进行投资,吸引更多航运业相关主体参与到航运保险业务中来。

第二,鼓励商业保险企业与渔业互保协会的合作。鼓励东海航运保险公司面向渔业发展开展保险创新,设计合适的专门性保险产品,并以两者的资源优化整合作为未来的长期目标。

(二)重点发展航运保险科技和航运保险核心知识产权

众所周知,保险科技产业已经成为保险产业发展的助推器和新引擎,而航运保险业务的开展尤其需要保险科技在信息收集与整合、风险事前预警与事后审查等方面发挥作用,依托保险科技力量占据航运保险产业价值链的上游。目前,国内航运保险科技产业的发展仍处于初级阶段,而宁波借综试区建设契机,已吸引了部分保险科技机构入驻,再加上得天独厚的航运产业优势,宁波已经具备提前开展航运保险科技产业布局的条件和独特优势。

为了加快航运保险科技的发展,一方面,要采取多种刺激手段鼓励现有保险科技企业将更多的资源投入航运保险科技产业;另一方面,要大力吸引在航运保险科技领域具备优势的保险科技企业入驻。在此基础上,政府要为保险企业、航运企业与科技企业、高等院校的沟通合作搭建平台,增加交流合作的机会,实现保险科技供给和需求的联动发展。同时,设立专项基金,对航运保险科技创新项目进行奖励,并鼓励企业积极对外输出航运保险科技服务,将宁波打造成全国领先的航运保险科技高地。

以挪威为代表的北欧国家之所以能够在竞争激烈的国际航运保险市场占据重要的一席之地,根本原因在于掌握了航运保险的核心竞争力,而其核心竞争力的代表即为与英国航运保险条款鼎立的挪威(北欧)航运保险条款,并以此为基础形成了独具特色的航运保险发展思路。我国目前的航运保险条款,核心思想仍来源于英国等先进国家,制约着我国航运保险核心竞争力的形成。为实现航运保险的创新发展,宁波可以此为突破口,依托宁波拥有优势的港航产业,组织船东、货主、保险公司以及法律专家等多方主体共同参与，潜心投入，积聚力量开展航运保险条款的先期研究。成立宁波航运保险协会（或航运保险研究院）作为航运保险条款研究的责任主体和研究平台，同时基于宁波目前航运保险影响力不足的现状，在取得前期研究成果之后参考挪威和北欧国家联盟的经验，与上海保险协会合作，并争取国家层面支持，形成宁波模式、中国特色的航运保险条款。在航运保险条款开发成功的基础上可将经验运用于其他领域。

（三）以航运保险中介发展为国内产业破局新方向

信息不对称是制约保险业务开展的关键因素，而且航运保险涉及的很多专业知识又不是一般商业保险公司所能具备的。航运保险发展的先进地区均拥有规模庞大的航运保险中介队伍。此外，在一些航运保险发达的国家和地区，比如英国伦敦，航运保险中介不仅沟通买卖双方，更是保险市场的深度参与者，通过买卖保险，成为投资者与保险市场联系的桥梁。

当前，我国航运保险中介市场已经有了一定规模的发展，但尚缺乏专业性的航运保险中介机构。换句话说，现有的航运保险中介多由综合性中介机构承担，以承担买卖报价、沟通为主，功能相对单一，缺乏深度参与航运保险的专业中介机构。在此背景下，大力发展航运保险中介，在国内率先实现产业破局，将是宁波航运保险发展的有效突破口。

第一，以宁波国家保险创新综合试验区建设为契机，大力鼓励专业性保险中介的发展。具体举措包括：为专业性航运保险中介机构的注册、设立提供便利服务，并对其提供涉外保险相关业务予以税收优惠；大力吸引国外大型的专业性航运保险中介机构进驻宁波；以税收减免等措施，鼓励保险中介机构立足宁波，积极向外部开展业务、提供服务，将宁波发展成为保险中介服务集聚区。

第二，根据保监会的"十四条"①支持政策，在现有的法律框架下引导保险中介机构突破单一业务模式。鼓励、引导保险中介在航运保险产业参与度和权限范围实现突破，争取相关政策为宁波保险中介发展提供试验权限，提升中介机构参与航运保险产业发展的广度和深度，形成新的航运保险发展模式。

---

①　2017年5月，保监会专门出台了《关于支持宁波市保险创新综合试验区建设有关意见的函》，具体内容见本书第二章。

第三,为了提升保险中介市场的服务质量,需要大力规范保险中介市场的发展。可仿效新加坡经验,出台专门的保险中介管理条例,并加大对保险中介机构的监管力度,避免保险中介机构出现恶性竞争、虚假宣传等扰乱市场的行为。

(四)加强基础设施建设,完善航运保险全产业链,降低保险供给隐性成本

为了提升宁波航运保险的服务效率,降低航运保险供给的隐性成本,可从三个角度入手优化宁波的保险供给环境,以提升保险供给和保险购买的便利度。

第一,建设航运信息数据平台。整合宁波现有航运产业和涉外产业资源,建设航运信息数据平台,并积极争取国家政策支持,将该平台升级为国家级航运保险信息数据平台,争取整合长三角乃至全国的信息数据。

第二,推进特色海事仲裁体系建设。宁波发展特色海事仲裁体系可分为长期和短期两条路径建设:长期以建设和发展具有国际公信力的宁波海事仲裁机构为目标;短期则可模仿新加坡的麦士威议事厅制度,在建立本地海事仲裁机构的同时,吸引国际权威的仲裁机构入驻,本地仲裁机构与国际仲裁机构同地办公,实现一站式的仲裁服务,尝试发展双轨制的仲裁制度,在短期内建立宁波特色仲裁体系的公信力。

第三,建设船舶注册制度。探索设立"中国梅山"船籍港,在航运税收、融资租赁及各类金融业务方面配套优惠政策,优化登记流程,简化操作手续,降低国际船舶登记门槛,吸引中资方便旗船舶回归,为航运保险业发展提供更多的承保资源。积极争取国家在宁波开展方便旗注册试点,鼓励世界各地的航运公司到宁波注册,并为之提供包括航运保险在内的"一揽子"金融保险服务。

信息数据平台的搭建和特色海事仲裁体系的建设不仅能够有效降低宁波航运保险服务的隐性成本,更能弥补我国航运产业的短板和不足,从而打造航运产业链的宁波特色。

(五)提升航运保险服务水平,形成航运保险供给的新特色

为进一步提高保险机构服务水平,依托宁波保税区、宁波跨境电商产业园、宁波电商经济创新园区,引进境内外知名跨境电商平台,将航运保险纳入"单一窗口"建设,提高航运保险企业的服务效率。支持航运保险机构围绕宁波"三位一体"港航物流服务体系建设要求,开展与航运相关的多种航

运保险产品和服务模式的创新,提升航运保险企业的服务能力。

(六)加强人才培养,创新智力引进模式

人才是提升航运保险供给能力的基础要素,而以保险科技、核心知识产权为重点发展方向,打造人才队伍更是重中之重的任务。主要举措有:重点培养航运保险人才;加大人才引进力度,加大航运保险创新人才引进;建立灵活的外聘和兼职人才引进制度。考虑到宁波在引进人才方面与上海、杭州等地的差距,应鼓励有关机构在高层次和高端领域建立灵活的外聘和兼职人才引进制度。

第五章 宁波保险创新促进
中小企业成长研究

面向实体经济风险,通过保险创新为企业整体风险提供各类产品创新,丰富企业风险管理手段,抵御宏观经济风险,是宁波保险创新推进保险型城市建设的重点任务之一。中小企业是推动国民经济发展、构造市场经济主体、促进社会稳定的基础力量,但中小企业普遍规模较小,资金实力和管理经验相对欠缺,抗风险的能力较差,在获得资金、技术、人才和信息方面遇到的困难更大。保险作为融管理与服务于一体的综合性金融工具,正好可以发挥其自身优势,帮助中小企业防范和化解风险,促进企业成长。本章从宁波实体经济特征出发,以推动保险创新服务实体经济为目标,在剖析保险创新促进中小企业成长逻辑与国际经验的基础上,总结宁波保险服务中小企业的创新举措和典型案例,展望保险创新促进中小企业成长的未来趋势。

第一节 保险创新促进中小企业成长逻辑与经验

本节旨在通过剖析保险创新促进中小企业成长机理以及新加坡、美国等国家保险业促进中小企业成长的经验,以期为推动宁波保险创新促进中小企业成长提供理论依据和经验借鉴。

一、中小企业成长过程中的风险管理

（一）中小企业成长理论

中小企业的成长既可以指企业规模的扩张,也可以指企业效率的提升。关于中小企业成长的内在逻辑,古典经济学派的亚当·斯密指出,社会化分工可以提高企业的生产效率,从而促进企业成长。马歇尔的规模经济理论也提出,企业按照一定的生产规模组织生产可获得较高经济利益。新古典

经济学基于对价格机制有效性的研究,认为调整至最优生产规模的企业,即实现了企业成长。新制度经济学代表人物科斯认为,企业是对市场的替代,减少交易费用是企业扩张的动力,管理费用和交易费用的对比决定了企业的边界。20世纪80年代中期诞生的内生经济增长理论,强调企业要不断创新,协调好企业资源和能力,其代表人物彭罗斯在《企业成长理论》中建立了一个"企业资源—企业能力—企业成长"的发展框架。① 90年代,以普拉哈拉德为代表的经济学家从企业核心能力角度来解释中小企业的成长。他们认为:从短期来看,企业产品的质量和性能决定了企业的竞争力;从长期来看,企业需要在研发、产品以及销售方面培养独特的实力以促进企业成长。

我国学者对中小企业成长的影响因素进行了总结和分析。吕一博等以东北地区中小企业为研究对象,认为企业的风险趋向、企业环境的不确定性、企业创新实现能力和创新推广能力都能激发中小企业成长。② 吴家曦以浙江省为例验证了企业家素质、企业经营战略、政策与行业背景、企业网络与资源、企业制度与结构是推动中小企业成长的五个重要影响因素。③ 梁强等对我国新创企业的成长进行研究,认为初始印记因素(包括目标定位、经营结构与盈利模式)能够影响新创企业的战略偏向,进而决定了企业未来的成长。④ 相关理论和观点见表5-1。

表5-1　中小企业成长理论回顾

学者	中小企业成长相关理论(观点)
亚当·斯密	分工理论
马歇尔	新古典经济学派的规模经济理论
科斯	交易费用理论
波特	企业竞争战略理论、企业价值链分析法

---

① 伊迪丝·彭罗斯.企业成长理论[M].赵晓,译.上海:上海三联书店,2007.

② 吕一博,苏敬勤,傅宇.中国中小企业成长的影响因素研究:基于中国东北地区中小企业的实证研究[J].中国工业经济,2008(1):14-23.

③ 吴家曦.中小企业成长影响因素研究:以浙江为例[J].浙江社会科学,2015(11):145-151,155,161.

④ 梁强,邹立凯,宋丽红,等.组织印记、生态位与新创企业成长:基于组织生态学视角的质性研究[J].管理世界,2017(6):141-154.

续表

学者	中小企业成长相关理论(观点)
彭罗斯	资源增长理论
钱德勒	组织结构理论
普拉哈拉德	企业核心竞争能力
吕一博等	影响我国中小企业成长的因素:企业的风险趋向、企业环境的不确定性、企业创新实现能力和创新推广能力
吴家曦	推动中小企业成长的五个重要影响因素:企业家素质、企业经营战略、政策与行业背景、企业网络与资源、企业制度与结构
梁强等	初始印记因素(包括目标定位、经营结构与盈利模式)能够影响新创企业的战略偏向

综上所述,中小企业成长可以通过多种途径和方法实现。例如,中小企业可以通过生产效率的提高形成规模经济,可以通过优化资源配置、制定竞争战略建立自身的竞争优势,还可以通过培养核心竞争能力来增强自身实力。而影响中小企业成长的因素又是多维的,包括企业外部经营环境和企业自身的内部因素。

(二)中小企业成长中的风险类型

1.创业风险

创业风险一般发生在企业创业初期,具体表现主要有:企业主只注重产品的研制和生产,而忽视了企业管理和规范等长远发展的问题,如企业产权是否明晰、管理体制是否规范等;对市场的潜在需求研究不透彻,对市场发展的趋势没有预见性;对宏观环境和经济形势的估计过于乐观;经营者缺乏全面管理的能力;在具体运作上,未能建立适当的财务制度和规范,账目不清,忽视税务成本,低估资金需求;对设备和技术的选择不当;等等。[①]

2.财务风险

财务风险是指"企业在经营运作过程中,由于各种外部环境和内部条件等不确定性因素的作用,使得资金运营的效益性降低和连续性中断,进而导致企业实际经营绩效与预计目标发生背离的可能性"[②]。财务风险在中小

---

① 昌海军.网络经济中高技术中小企业成长研究[D].哈尔滨:哈尔滨工程大学,2001.

② 姚雁雁.我国中小企业财务风险的成因及其防范[J].财会研究,2010(13):65-67.

企业表现尤甚,因为从客观条件来看,中小企业自身规模、经营能力和资信水平都不及大企业,从而加大了融资难度,隐含较高的资金运营连续性中断风险。[①] 再从主观条件来看,中小企业的内部管理因素,例如管理层自身能力和经营水平的局限以及缺乏风险管理意识,会导致投资和经营决策失误、资本结构不合理、财务管理薄弱,增加财务风险。

3.经营风险

经营风险源于宏观和微观两个层面。从宏观层面看,相比大企业,中小企业大都未形成特有的核心竞争力,往往在市场竞争中处于弱势地位,抗风险能力较差,针对市场环境的波动和国家经济政策的变化,其经营更容易受到冲击。从微观层面看,企业的经营风险源于其自身内部,针对企业生产经营的过程可以分为产品风险(包括产品的质量风险、结构风险、新产品研发风险和生产过程中的安全风险等)、营销风险(包括能否打开市场、售后服务能力等)和人事风险(包括人力资源配置和管理风险)。

4.信用风险

信用风险又称违约风险,指交易对手不愿意或不能够履行契约中的义务而带来的经济损失。中小企业普遍存在信用风险,与银行、交易方之间存在信息不对称,导致融资困难和交易障碍。信用风险的成因是多方面的,外部成因主要是市场信用保障机制的匮乏,内部成因包括中小企业内部产权不清晰、自身信用意识不强、对客户信息掌握不全等。[②]

5.可持续风险

随着时间的推移,企业原管理者会逐渐衰老而需要寻找接班人,或者因业务规模扩大而需要授权他人来分担部分管理工作。此时会面临三个问题:一是由谁来继承(或分担)企业的管理;二是表决权或控制权的分散可能会给企业带来不利影响;三是接班人能否获得其他股东、职员的拥护和支持,以及金融机构、客户和供应商等各方的信任。可持续风险主要表现在:在风险降临时没有准备好由谁来接替管理责任;一把手没有授权,缺少规划,过分自信;二把手在企业中未占有必要的股份;等等。

---

① Beck T, Bemirguc-Kunt A. Small and medium-size enterprises: Access to finance as a growth constraint[J]. Journal of Banking & Finance, 2006,30(11):2931-2943.

② 王慧玲.中小企业商业信用风险问题与对策[J].合作经济与科技,2013(3):53-54.

（三）中小企业全面风险管理

COSO[①] 于 2004 年 9 月发布了《全面风险管理——整体框架》，指出："企业风险管理是一个过程，是由企业的董事会、管理层以及其他人员共同实施，应用于战略制定及组织各个层次的活动，旨在识别可能影响组织的各种潜在事件，并按照企业的风险偏好管理风险，为总体目标的实现提供合理的保证。"

企业风险管理萌芽于 20 世纪 20 年代。1929—1933 年，美国发生严重经济危机，约有四成银行和企业破产。对此，美国许多大中型企业开始在内部设立保险管理部。1970 年后，以法国、日本为主的世界其他地区也开始研究风险管理。1983 年，风险和保险管理协会首次年会在美国召开，1986 年在新加坡召开，标志着风险管理的研究正式传入亚洲国家。90 年代，美国学者约翰·海门斯（Yacov Y. Haimes）提出"完全风险管理"概念，标志着风险管理由一个单一管理评价的理论进入系统的管理评价体系，成为一个多层次的学科。[②]

针对财务风险管理，熊小刚认为企业会计人员应该对投资项目的收益进行定期评估，关注投资项目的现金流以及资产负债表、损益表的变动，同时也要及时对公司的偿债能力、运营能力和盈利能力做出分析。[③] 刘琼认为企业应该结合外部经营环境、内部管理环境以及财务风险发生的原因制定适合本企业的内部控制制度，完善的内部控制体系有助于企业提高财务风险防范水平。[④] 戴文涛根据公司治理理论对内部控制和财务风险的关系进行了研究，认为企业财务风险的大小与企业内部控制的力度正相关。[⑤]

针对信用风险管理，大部分研究从商业银行角度，探讨如何规避中小企业信用风险所导致的贷款违约问题。Piramuthu 研究了土耳其发生的银行危机，认为受到存款人和借款人投资行为的影响，银行会面临越来越高的信

① COSO（Committee of Sponsoring Organization），美国反虚假财务报告委员会下属的发起人委员会，专门研究内部控制问题。

② 高秋元.基于风险管理的中小企业内部控制问题与策略研究[D].昆明：云南大学，2016.

③ 熊小刚.我国企业集团财务风险管理存在的问题及对策[J].山东社会科学，2013(2)：183-190.

④ 刘琼.关于企业财务风险的原因探析[J].财经界（学术版），2014(1)：198.

⑤ 戴文涛，纳鹏杰，马超.内部控制能预防和降低企业风险吗？[J].财经问题研究，2014(2)：87-94.

贷风险,即便银行以存款为后盾,其也会面临随之增加的道德风险。①

二、保险创新促进中小企业成长机理

中小企业普遍规模较小,资金实力和管理经验相对欠缺,风险管理意识较为薄弱。保险作为一种金融工具,正好可以发挥其自身优势,帮助中小企业健全管理机制,促进企业成长。保险促进中小企业成长的机理主要体现在三方面。

(一)促进中小企业事前管控风险

随着风险控制技术的持续创新,保险服务越来越呈现出从事后补偿向事前干预"前移"的特征。保险工作的事前干预不但能降低保险事故发生的概率,减少损失,还可以让保险公司参与到企业生产经营的风险管理过程中,有效破解中小企业风险管理意识和能力相对薄弱、潜在风险隐患较大的不利情况。具体而言,保险公司可通过创新宣传方式来帮助企业培养风险管理意识,帮助企业健全风险识别、评估、预警和管理机制,还可通过产业链上下游联动,利用保险创新使保险产品贯穿企业生产经营全流程,全面提升中小企业风险管控水平。

(二)助力中小企业事后转移风险

企业风险管理的手段包括风险控制、风险自留和风险转移,保险除了能做到事前管控风险以外,还能帮助企业在风险发生后及时转移风险。一方面,养老保险、健康险和人身意外险等能帮助企业为员工提供生活和生产的保障,应对生产过程中因意外事件而对员工造成的伤害,由保险公司给予员工相应的赔偿,有助于企业和员工共同渡过难关;同时,良好的福利制度能帮助企业留住人才,提高员工忠诚度。另一方面,企业财产保险、责任保险、信用保险等能满足企业日常生产经营、销售、财产安全的需要,转嫁不确定因素所导致的生产经营和财产损失,增强中小企业成长过程中的抗风险能力,减少经营中断甚至破产的可能性。

(三)提升中小企业融资便利性

贷款保证保险助力解决中小企业融资难问题。一方面,贷款保证保险

---

　　① Selwyn P. Feature selection for financial credit-risk evaluation decisions[J]. Informs Journal on Computing,1999(3):258-266.

提高了企业贷款信用。贷款保证保险就投保人的债务向银行承担保证责任,当投保人发生违约时,保险公司将承担贷款赔付责任,由此大大提高了中小企业的信用水平,使其在提供少量抵押物甚至没有抵押物的情况下也能获得贷款。另一方面,贷款保证保险降低了中小企业融资成本。融资成本的降低主要体现在企业贷款利率和保费支出两方面,由于贷款保证保险转移了企业的违约风险,银行对于该类型的贷款项目一般给予利率的优惠;同时,贷款保证保险属于助力中小企业发展的政府工作重点,地方财政往往给予企业保费的补贴或者相应的抵补。

三、保险创新促进企业成长国际经验

(一)新加坡企业贷款保险

为解决中小企业融资问题,新加坡启动"贷款保险计划"(LIS)。该计划由政府直接参与,将分担金融机构的贷款风险作为主要目标,为向中小企业贷款的金融机构购买保险,保费由政府和企业各承担50%。一旦出现中小企业贷款违约情况,保险公司会承保金融机构的损失。如果贷款风险最后超过了保险公司的承受能力,则第二档贷款保险计划(LIS+)自动启动,将由政府和保险公司共同承担最高额度为500万新币的损失。

在一些特殊时期,新加坡政府还会适时推出短期的风险分担计划,缓解社会信贷紧缩。如2008—2010年,为最大限度减少国际金融危机对本国经济带来的冲击,新加坡政府推出"特别风险分担计划",其核心是政府承担更多的风险损失,将"本地企业融资计划"中承担的贷款违约风险比例提高至80%,将"微型贷款计划"中承担的贷款违约风险比例提高至90%,减轻金融机构的风险负担。[1] 此外,"特别风险分担计划"还包含实施企业贷款保险增强计划,将原有计划中政府仅支付保费、不承担风险,调整为政府承担3/4的贷款风险、金融机构仅承担剩余1/4的风险。

(二)美国知识产权保险

知识产权保险是为满足知识产权侵权行为发生时诉讼双方当事人的需要而产生的,无论是权利人起诉知识产权侵权行为时所支付的诉讼费用,还是侵权人应诉侵权指控时的抗辩费用及败诉时的损害赔偿责任,都可以得

---

① 刘学媛.宁波市金融支持小微企业创业创新路径研究[D].杭州:浙江工业大学,2016.

到保单的承保。[①] 该保险能帮助被保险人摆脱诉讼费用昂贵而不敢起诉的困境,成功转嫁知识产权风险给企业带来的危机。

美国知识产权制度较为完善,公民的知识产权保护意识较强,对知识产权保险的需求与日俱增。美国知识产权保险最初混合在普通商业责任保险(CGL 保险)中,1994 年,美国国际集团推出了世界上第一份独立的知识产权保险。目前,美国的知识产权保险产品分知识产权侵权保险与知识产权执行保险两类。前者是将被保险人作为潜在的侵权人因侵犯第三人的知识产权而需要承担诉讼费用及相应赔偿的保险,其承保的费用包括应诉费、反诉费、再审答辩费、第三人对被保险人提出的损害赔偿费。后者主要针对权利人的知识产权受到第三人不法侵害,其主动提起诉讼所需支付的诉讼费用,承保费用包括诉讼过程中的调查费、取证费等。

(三)美国农业保险

1938 年,美国农业保险的序幕由政府颁布的《联邦农作物保险法》拉开。经过近一个世纪的发展,美国农业保险品种逐步完善,包括农作物保险、农业团体保险、产量保险、单产保险和收益保险五大类,共 20 余个具体险种,覆盖 124 种农作物和牲畜。五大类险种中,收益保险占主导地位。该保险的收入保障金额由农民投保时所选择的收入保障范围、市场价格(基本市场价格和收获市场价格中的较高者)和农场历史平均产量三者相乘计算而得。当农民的实际收入小于收入保障金额时,保险公司将根据合同对差额进行赔付。该保险设置的基本市场价格和收获市场价格与期货市场紧密相关。其中,基本市场价格是指每年 2 月签订的当年 12 月远期交易合同中的平均期货价格,而收获市场价格是指每年 11 月签订的当年 12 月远期交易合同中的平均期货价格。

美国政府主导农业保险业务,商业保险公司则负责运营,众多社会机构参与配合。1938 年,联邦农作物保险公司(FCIC)成立,主要负责管理和经营全国农作物保险,以及向商业保险公司提供再保险保障。1996 年,风险管理局(RMA)成立后,承接了 FCIC 的大部分职责。首先,不断提高对农作物保险的保费补贴比例,投保农户可获得的保费补贴比例平均保持在60%。其次,充分发挥期货市场作用,RMA 专门出台"商品交易所价格条

① 张寒.美国知识产权保险对我国保险业的启示[J].中国科技信息,2009(4):286,288.

款"(CEPP)来规范收益保险两个期货价格选取工作,涉及十余种农作物和四种主要收益保险。再次,FCIC 保留再保险业务,与商业保险公司签订《标准再保险协议》,分担商业保险公司自留保险责任以外的风险。此外,一些公益性机构,如全国农作物保险服务中心、全国农场局联合会(AFBF)、大学的农业推广中心等,积极参与到农业保险的统计、保险业务培训教育、联邦政府农业保险政策宣传等服务工作中,为农业保险的实施发挥了重要作用。

（四）经验与启示

综观保险发达国家保险业服务实体企业的做法,我们认为主要有以下几方面的经验和启示。

1.制度环境良好,保险业服务中小微企业具有基础保障

第一,法规体系健全。美国、日本等国家都有针对中小微企业的法律法规。

第二,信用体系完善,信息查询便捷,有效遏制了高风险投保群体的逆向选择。

第三,风险规避和分散机制较为完善且运行顺畅。针对中小微企业信用较低、缺乏抵押物等问题,各国普遍在信用担保机构和银行之间确定贷款保证的比例,通过提取各种准备金等来保证信用担保机构具有较强的代位补偿能力,使得风险在多家金融机构间分散承担。

2.政府加强引导,商业保险机构支持中小微企业发展

第一,政府对符合产业政策导向的险种予以扶持,常见的有科技保险、出口信用保险、农业保险等。

第二,政府针对中小微企业普遍面对的融资难问题,采用商业化保险运作与政策性担保基金相结合的方式予以解决,政策性资金发挥劣后、兜底作用。

第三,设立政策性保险机构或为商业保险机构提供专项扶持政策等,也是各国政府通常采用的办法,以此提高中小微企业融资可得性。

3.保险产品丰富,保险供给匹配中小微企业保险需求

第一,建立为中小微企业服务的综合保险体系,如美国中小微企业保险产品共有 100 多种。

第二,贴近市场需求,为中小微企业提供适销对路的保险产品,如:创新

出口信用保险产品与机制;提供海外投资风险保障;为高新技术型中小微企业提供科技保险。

第三,加强保险研发创新,结合前沿科技,实行跨界合作,不断开发保险新产品,赋予传统保险业务以新的生命力。

第二节　宁波保险服务中小企业创新举措

在国家保险创新综合试验区建设过程中,宁波大力推动保险模式创新、产品创新和服务创新,推动保险服务地方经济、参与民生保障、化解社会矛盾,建立了较为全面的、服务于社会各个层面的风险防范和损失补偿体系。本节旨在介绍宁波针对中小企业保险需求特征所推出的创新举措。

一、宁波中小企业保险需求特征[①]

(一)中小企业保险需求特征

受管理者水平、企业规模、盈利能力等因素影响,一般而言,中小企业的保险需求具有以下三个特征。

1.保险需求具有引致性

中小企业管理者大都来自草根阶层,缺乏相应的金融知识和管理经验来对自身的风险做出评价和判断,这就导致大部分中小企业在未发生风险前,很难意识到保险的必要性,其保险需求需要被引导和激发。

2.保险需求具有非连续性

在财产保险方面,中小企业成长过程中的财产风险分布是不连续的,导致中小企业往往存在侥幸心理,不会连续性购买保险;在人身保险方面,中小企业的员工流动性较大,导致人身保险需求的断裂。

3.保险需求具有分散性

由于企业规模、员工数量相对较小,中小企业保险需求具有小额的特点,体现在保险标的价值低、保额小、保费低,这也是商业型保险公司不愿涉足这一领域的主要原因。

---

① 朱孟进.提升保险业服务中小企业能力[N].宁波日报,2019-06-13.

(二)宁波中小企业保险需求特征

宁波中小企业的保险需求,由于受到区域特定的自然条件、经济水平、政策环境等因素影响,在上述普遍性特征以外,还具有以下三个特征。

1.海洋渔业类企业保险需求不断增长

宁波地处我国东部沿海,海洋渔业有着悠久的历史,是全国闻名的海洋大市。长期以来,渔民出海捕捞、近海养殖等生产活动,面临着台风、赤潮等自然灾害风险,相关中小企业的保险需求非常突出。据宁波渔业互保协会统计,1997—2017 年,参保渔船数量从 65 艘增加到 4580 艘,参保渔民人身安全险的人数从 507 人上升到 21206 人。

2.外向型企业保险需求快速提升

改革开放以来,借助港口优势,宁波涌现了众多外向型中小企业,在对外经贸活动中产生了大量的保险需求。尤其是中美贸易战形势下,企业借助金融工具规避信用风险的需求日趋增长。据中国出口信用保险宁波分公司统计,2018 年 7 月批复对美出口信用额度的个数较去年同期增长了 26.2%,而金额增幅更高达 105.1%。

3.制造业转型升级催生了保险新需求

近年来,宁波制造业全面推进"两化融合""机器换人",着力开展智能制造、品质制造,制造业转型升级的步伐不断加快。传统的财产险、责任险已不能满足企业需要,涌现了对新材料、新设备、新工艺、新技术等首次应用的责任保险,对高端人才和产业工人分层次的养老保险、人身保险等新需求。

二、宁波全国保险创新综合试验区服务实体企业创新举措

2016 年 6 月,国务院正式批复宁波成为全国首个国家保险创新综合试验区。至 2019 年年底,宁波保险综试区已累计推出 100 余个保险创新项目,在经济发展、社会治理、民生保障等方面实施"保险+"战略,着力打造全国保险创新发展的新高地。在服务经济高质量发展方面,保险发挥其自身优势,推出了新材料首批次应用保险、"创客保"等项目,有助于开展技术创新、促进创新创业、支持实体企业成长。表 5-2 展示了保险服务宁波实体企业的主要创新项目。

表 5-2　保险服务宁波实体企业主要创新项目

保险名称	保险责任概述及创新点
政策性小微企业财产保险	采取"定值投保、定值理赔"的模式,水灾施救费用按水位线高度定额补偿,最高不超过 10 万元;其他保险事故在各标的分项保险金额和总保险金额范围内,扣除免赔额后按实际损失予以赔偿,最高不超过 10 万元。
农业气象指数保险(包括杨梅、柑橘、梭子蟹、枇杷、水稻、榨菜、羊)	以杨梅气象指数为例:在保险期间内,气象观测站实测日(24 小时)降雨量达到 5 毫米(含)连续 2 天及以上或单日降雨量达到 30 毫米(含)以上时视为保险事故发生,投保农户就可以获得保险赔款。
小额贷款保证保险("能源宝"项目)	为农户购买光伏设备贷款提供担保,同时因天气因素对装置造成损失时提供财产险保障。农户在前期安装发电装置时无须自掏一分钱,也无须承担贷款风险和财产损失风险,同时可以享受余电上网带来的额外经济收益。
企业应收账款质押贷款保证保险	为小微企业应收账款质押贷款提供保证保险,解决小微企业融资难问题。
"创客保"责任保险	若被保险人投资创业失败,经相关部门认定后,向高新区管委会提出生活补助请求,保险人将按保险合同约定履行赔付责任,对符合条件的被保险人,按申请之月宁波市职工最低工资标准给予 3 个月生活补助。
科技型企业产品研发责任保险	为科创企业撑起"风险保障伞",保险公司与高新区管委会联合推出了科技型企业产品研发责任保险项目。
小微企业中长期出口卖方信贷保险	针对宁波民营企业特点专门设计的风险保障方案,体现了近年来政策性资源向民营企业倾斜,中国出口信用保险公司支持保障金额最小的中长期出口项目。
新型安全生产责任保险	在安全生产责任保险方面加快创新探索,形成了新的运行和服务模式。险种覆盖范围得到拓展,从原先仅在高危行业开展,拓展到在一般工商贸企业试点;服务模式上得到优化,推出"普惠服务＋增值服务＋网格化风控服务"方案;实施政策上得到强化,市安监局、金融办、保监局联合发文、全面实施。
新材料首批次应用综合保险	根据《宁波市智能装备首台(套)和新材料首批次应用保险补贴工作实施办法(试行)》,以及《宁波市重点新材料首批次应用示范指导目录(2018 年版)》,对符合条件的企业投保重点新材料产品质量安全责任保险、环境污染责任保险和安全生产责任保险的,由宁波市财政给予投保年度保费 80% 的补贴。
"专利培育＋保险＋维权"项目	保障责任主要由专利申请费用补偿保险和专利被侵权保险组成,分别为代理专利未能取得国家专利局授权情形下所产生的官费及申请费用和为专利维权而支出的调查费用、法律费用及直接损失承担赔偿责任。

续表

保险名称	保险责任概述及创新点
特色农林渔业 指数保险	2017 年针对地方特色农业推出了 12 个涉农指数保险，其中，农业气象指数保险有樱桃、甲鱼、花卉苗木、黄鱼、雪菜、紫菜、香榧、林木气象指数保险 8 项；农产品价格指数保险有鸡蛋、肉鸡价格指数保险 2 项；农产品收入保险承保葡萄 60 亩、草莓 50 亩。

第三节　宁波保险服务中小企业案例研究

本节精选了政策性农险、"创客保"、"金贝壳"、"渔业互保"等服务中小企业的保险创新案例，在介绍创新案例总体情况的基础上，重点剖析了保险创新的成功经验和存在问题。

一、政策性农业保险为种养殖户保驾护航

（一）总体情况

截至 2018 年 3 月，宁波市政策性农业保险已开设七大类 53 个条款 75 个细分品种，基本覆盖宁波市农业主导产品，其中创新型险种如气象指数保险、价格指数保险等还在不断推出中。不少险种如杂交水稻制种保险、南美白对虾气象指数保险、甲鱼气象指数保险、梨产量保险、柑橘气象指数保险、桃产量保险、梭子蟹气象指数保险等在全省乃至全国都属首创。

2017 年，全市参保农户 10.45 万户（次），同比下降 17.85％，参保农户的减少是因为以村、合作社等为单位统一参保的数量增多。农险业务保费总额 2.06 亿元，同比上升 8.99％；赔款 1.45 亿元，同比上升 7.41％；保险责任 72.13 亿元，同比上升 4.32％。其中，水稻为农险保费金额第一大险种，保费达 7472 万元；林木是承担保险责任额最高的险种，保险责任 39.87 亿元；赔款金额最多的为生猪养殖，2017 年共赔款 4967 万元。[①] 农险业务整体呈现良好发展态势。

---

① 数据来源：http://www.cnluye.com/html/main/nbnxView/2889287.html。

（二）典型个案

个案 1：ABC 农业发展有限公司育肥猪保险洪灾理赔①

ABC 农业发展有限公司是当地农业龙头企业。2013 年，公司投保能繁母猪 1200 头，保费由财政补贴 90％；投保年出栏育肥猪 2.9 万头，财政补贴保费 75％。同年 10 月 7 日，受"菲特"台风影响，公司于当日中午开始受洪灾侵袭，10 月 10 日晚上洪水退去，历时约 80 小时，造成 4000 余头猪淹死或冲失。

保险公司在上门理赔查勘过程中存在诸多困难：一是由于受淹时间长，部分猪只冲失，难以核定受损数量；二是猪只死亡数量巨大，报损 4000 余头，难以逐头称重；三是洪水退去后，为防止次生灾害发生，在保险查勘人员核定损失数量之前，大部分死亡猪只已进行了无害化处理，给损失核定带来很大困难；四是 ABC 公司损失惨重，对保险赔偿期待值过高，理赔协商困难。

在奉化市农险协调办、奉化市畜牧兽医总站的大力支持下，经农险共保体相关工作人员与 ABC 公司反复沟通协商，通过养殖记录和清点存活的各类猪只情况，核定猪只损失数量，并评估不同畜龄的猪只体重，最终核定赔款 68 万余元，ABC 公司对于根据保险条款计算的赔款金额无异议。

个案 2：全市小麦赤霉病大灾理赔

2015 年 11 月至 2016 年 1 月，宁波持续出现阴雨天气，而且气温比常年偏高，这种历史罕见的极端天气，使得光照不足，土壤糊烂，造成全市小麦播种普遍推迟，小麦生长周期缩短，抗病虫害能力减弱。2016 年 4—6 月，全市一直处于阴雨绵绵之中，最终导致 14 万余亩小麦赤霉病大暴发。从小麦参保政策性农业保险情况来看，2016 年全市共参保小麦农户 5043 户，承保面积 14.04 万亩，基本上实现应保尽保，承担风险保障金额 7045.88 万元，保费收入 422.75 万元。

接到灾情报案后，宁波市政策性农业保险共保经营首席承保人（人保财险宁波市分公司）立即会同当地农险协调办领导与农技专家，共同奔赴受灾现场。通过一周的查看、查勘，基本掌握小麦赤霉病发病类型和发病程度。在宁波保监局的直接指导下，人保公司与鄞州、余姚、慈溪、宁海、象山、奉化

---

① 此处隐去单位真实名称，以 ABC 替代。

等 6 个地区的农技专家,共赴鄞州区姜山镇小麦现场,采用抽样方式测定损失率,经专家充分论证后,达成共识,确定了各区域的损失程度和理赔标准。

经农险工作人员夜以继日的辛勤查勘,确认达到小麦理赔标准(即损失率达到 30%)的受损面积 12.03 万亩,赔款 2982.73 万元,简单赔付率705.55%,是农户自交保费的 70 倍,农户得惠显著。

(三)主要经验

1.借力借脑核定大灾损失

在发生大灾时,面对农产品(畜类)受损数量巨大,以及因冲失、定损前已无害化处理等不利于核定受损程度的情况,通过充分借助政府部门的协调、农业技术部门的专业知识和基层三农服务网点协保员的力量,根据种养殖记录和种养殖规律,推算出受损的数量和程度,并严格按照条款规定核定损失,是取得投保农户信任、达成理赔金额共识的重要方法。

2.深入田间宣讲农险政策

在承保前,对农民讲清农险的特殊性,即当前政策性农业保险还处于低保费、低保障的发展阶段,仅保障农民种植成本,而不是保障收益,不像车险、财产险那样,损失多少就赔多少;而且,还要根据作物受灾的不同时期,进行赔付标准的差异化定损,例如在成熟期受灾与在种植初期受灾,赔付标准是不同的。在承保后,要经常查勘农户经营情况,告知哪些人为不当产生的损失责任是免赔的,督促农户规范经营。

3.变被动抗灾为主动防灾

提高农业保险的灾害预警、防范能力,具体包括两方面。一是做好防灾硬件改造。动员说服农户加固栏舍、仓库,准备好排水设施,在台风来临前转移低洼处的畜禽和饲料,帮助和监督容易受灾的投保户做好防灾准备。二是传授防灾技能。以大型畜牧场为例,积极鼓励养殖户实行"以市定畜、产供平衡"的方针,不断加大出栏力度,加快畜群周转,杜绝为等待市场调价而盲目囤积畜禽的情况,以减轻防灾压力。

(四)存在问题

1.农险保障水平尚不能满足农户需求

当前,宁波乃至全国政策性农业保险尚处发展初期,低保费、低保障是其主要特征,有限的保险供给与农户日益增长的保障需求之间存在严重不匹配。2018 年中央一号文件提出"探索开展稻谷、玉米、小麦三大粮食作物完全成本保险和收入保险试点",农业保险由传统的"保成本"向"保收入"转变,正在试点和探索之中。

2.人为干预施压给理赔工作带来困难

在遭受大灾的情况下,有的农户可能因为损失惨重,出现一定程度的心理失衡,从而对保险理赔提出不理性、不合理的要求,甚至动用各种社会关系,对保险公司无理施压,出现一些对保险公司正常经营过多行政干预的情况,非常不利于农业保险工作的长远健康发展。

二、"创客保"化解"双创"企业后顾之忧

(一)总体情况

2016 年年底,中华联合财产保险宁波分公司推出"创客保"项目,这是全国首个服务于"双创"的保险创新产品,旨在保障"双创"团队因创新创业失败而引致的损失风险。开办以来,保费全部由宁波国家高新区财政买单,未来计划逐步增加企业购买比例。保障范围是入驻高新区区级及以上众创空间开展创业孵化活动,经市场监管部门登记注册的创客团队的合伙人或股东。在保险期内,若创客团队创业失败,保险公司将按照合同约定进行赔付,按申请之月宁波市职工最低生活标准,给予被保险人一次性三个月生活费补助。2017 年,"创客保"共计赔款 16.74 万元,惠及 30 位股东;2018 年,发放赔款 95.8 万元,惠及 51 家创客企业、159 位创业者。2019 年,宁波高新区政府又续保两年"创客保"产品。

(二)典型个案

2016 年 11 月,三位在技术、销售方面各有特长的年轻人,辞掉了原本朝九晚五的工作,从北方城市来到宁波高新区某创客空间开始了第一次创业打拼,成立了"BCD 新材料科技公司"①。但是,由于在企业运营管理方面缺乏经验,公司成立后一直处于亏损状态,至 2017 年年底累计亏损已达到 30 多万元,且合伙人之间意见分歧越来越大,最终公司解散。就在三位合伙人准备离开宁波之际,他们收到了来自中华联合财产保险公司"创客保"项目的赔款,每人金额 6180 元。三位合伙人被感动了,"金额虽然不大,但很温暖"是他们共同的感触。在人生的低谷,感受到来自身边的关心和帮

---

① 此处隐去单位真实名称,以 BCD 替代。

助，这份雪中送炭的情谊深深打动了他们。原本打算离开宁波的三位年轻人，因这份感动而决定继续留在宁波高新区开创一番新的事业。

（三）主要经验

1. 政府支持是推动保险创新的重要因素

在"大众创业、万众创新"时代背景下，宁波高新区成立了18家"双创"平台，为创业创新行动提供了专业的载体和空间。而如何利用保险手段服务于"双创"平台和企业，一直是政府高度重视的问题。在"创客保"产品设计阶段，政府部门带着保险公司工作人员多次走访"双创"企业，全面把握"双创"风险和企业痛点，面对面了解企业诉求，为"创客保"的成形打下了坚实基础。在产品推出之初，又是高新区政府积极承担投保人角色，承担了前三年100%的保费，使"创客保"得以成形并发挥积极作用。初期理赔的示范效应有效激发了创业平台主动参与投保的积极性，为后续年份逐步缩小保费中财政资金所占比例打下了很好的基础。在产品推广过程中，"创客保"得到了政府相关部门的高度认可，2017年10月，在由市中级人民法院、市科技局、市财政局、市住建委、市农业局、市质监局、市金融办、宁波保监局、市保险行业协会等部门和单位组成评委的评审中，"创客保"被列为2017年宁波市首批重大保险创新项目，为其后续在宁波全市范围内扩大保险覆盖面提供了信誉保障。

2. 紧跟市场方能开发具有生命力的产品

为了设计开发"创客保"，中华联合财产保险宁波分公司积极开展企业走访调研，设计出了针对市场痛点、满足企业需求的产品。在第一期产品推出后，保险公司继续保持与创客平台和"双创"企业的沟通和联络，建立高效的信息反馈机制，积极调整保险条款，在2017年年底又推出了"创客保"升级版。今后，还将根据企业的反馈和诉求，动态调整保费、保额及相关条款，形成差异化的理赔标准，更好地契合不同规模、不同行业的"双创"企业需求，保持产品与时俱进的生命力。

（四）存在问题

1. 在高新区以外区域推广有难度

"创客保"产品目前仅仅局限于宁波高新区，虽然中华联合财产保险公司积极联络、走访宁波全市范围内的其他区县（市），但至今尚未能有效推广。主要原因在于各个区县（市）都有自己的金融创新任务和目标，对于已经属于其他地区(宁波高新区)创新行为的保险产品兴趣不大,且对于注册地不在本区域的保险机构创新,财政也缺乏支持的动力。

2.保险机构服务科技型企业的专业能力有限

"创客保"属于科技类保险,在查勘理赔过程中涉及相关领域的专业知识。虽然当前阶段"创客保"设计的是统一理赔标准,尚不存在对具体损失的查勘与核定,但今后随着产品的不断升级,在保额上实行差异化政策,就需要保险公司具备对相应行业的专业化查勘定损能力。由于"双创"企业涉及的行业众多,保险公司在这方面人才不足,若外聘专家,则不但费用高,且由于利益相关性不强,往往很难真正发挥作用。

三、"金贝壳"助力中小企业破解融资难

(一)总体情况

2008年席卷全球的金融危机导致中小企业融资难的矛盾更加突出。对此,宁波市金融办、宁波保监局、中国人保财险宁波市分公司共同探索保险对信贷业务的支持。次年9月,人保财险宁波分公司在全市范围内推出"城乡小额贷款保证保险"(简称"金贝壳")。该保险使得那些有真实生产资金需求、有良好信用记录与发展前景、有可靠还款来源并符合资信审核条件的小额借款人,通过购买"金贝壳",可从银行获得无抵押、无担保贷款。其服务对象定位于初创期小企业、农业种养殖大户和城乡创业者(含个体工商户)三类群体。

自2009年试点以来,"金贝壳"项目模式不断优化,规模不断扩大,参与保险机构从2家扩大到9家,参与银行从4家扩大到35家。截止到2018年6月,"金贝壳"已累计支持客户数量达13000户,支持融资的规模达115亿元[①],有效缓解了中小企业融资难的困境,被誉为保险支持小微企业发展的"宁波经验"。2014年起,中国保监会将宁波的"金贝壳"经验向全国多个省市推广。

---

① 数据来源:https://3g.163.com/local/article/EQ0VAIT704099C6A.html。

(二)典型个案

个案 1:CDE 公司借力"金贝壳"快速成长①

CDE 有限公司成立于 2009 年,注册地址位于余姚市,厂房系租赁,主营塑料喷头。就在"金贝壳"试行的第一年,中国银行和人保公司的两位客户经理根据街道工业办提供的小企业名单,走访了该企业,了解到企业的基本信息和融资需求之后,客户经理向企业介绍了"金贝壳"这一产品,引起了企业极大的兴趣。经过相关工作流程,10 天后企业以年化 7% 的成本,拿到了 100 万元无抵押无担保的流动资金贷款。

相比于民营担保公司需要企业缴纳 10%～20% 的保证金,且成本高达年化 9%,"金贝壳"以低利率和无抵押、无担保切实解决了企业的融资难和融资贵问题。2015 年 11 月,为进一步增量减费,银保双方经过和余姚市科技局的多次沟通,签订了三方合作"中保科技贷"协议,将企业融资额度扩充到 500 万元,并且由财政给予贴息和保费补贴,使得融资成本由年化 7% 降低至 5.35%。

在合作的 10 年里,CDE 公司的"金贝壳"项目贷款从首笔 100 万元到最多时 500 万元,极大解决了生产经营的资金需求。同时,人保财险宁波分公司为企业提供了企业财产险、出口信用险和雇主责任险等涉及企业安全生产与风险保障的多项险种。银保合力共同助推企业成长壮大。目前,CDE 公司已被列入余姚市科技局科技创新企业名录,厂房面积也从 2000 平方米扩展到 2 万平方米,主要设备注塑机由最初的 2 台,增加到 14 台、21 台、40 台,再到 60 台。随着销售和盈利能力的提高,企业还加入了市经信局"机器换人"行动,注塑机全部装上了机械手,且购入了自动装备机,员工人数由 300 多人减至 150 人,大大降低了人工成本,缓解了用工荒、招人难问题。公司从昔日一家小型生产加工厂,已经成长为生产设备先进、内部管理规范、产品质量过硬、拥有自营出口权的规模以上中型民营企业。

个案 2:"金贝壳"续保助力抗疫复产

"新冠"肺炎疫情发生后,人保财险宁波分公司积极响应《关于打赢疫情防控阻击战帮扶中小企业共渡难关的十八条意见》文件精神,对疫情期间出现经营困难的企业实行帮扶政策,包括对 8 家企业及个人主体进行无条件

---

① 此处隐去单位真实名称,以 CDE 替代。

的贷款展期承保,并对接原放款银行,简化展期手续。

其中宁波 DEF 汽车部件有限公司①自疫情以来除面临企业人员复工复产问题外,原有一笔"金贝壳"保证保险在 2020 年 3 月初到期。当时因疫情防控尚未全面复工,无法确保正常续贷。对此,人保财险宁波分公司积极联系合作银行对该企业采取了展期承保 3 个月的处理,在简化操作流程的同时,给予保险费率的优惠。6 月初,该企业 3 个月的展期结束,人保财险宁波分公司也完成了正常续保处理,真正将帮扶小微企业的政策要求落到实处。

(三)主要经验

由于中小微企业贷款风险普遍较高,金融机构一般不愿为其融资。因此如何管控贷款风险,是关系到"金贝壳"业务健康发展的首要问题,也是宁波保险业在此项业务领域深耕多年的经验所在。

1.设计风险可控的总体框架

第一,建立风险分担机制。在发生贷款损失的时候,保险机构并不是风险的唯一承担者,而是由试点银行和保险共保体按 3∶7 的比例分担损失。保险共保体由人保财险宁波分公司、太平洋财险宁波分公司等机构组成,各家保险机构之间再按比例进一步分解风险和保费。

第二,建立业务熔断机制。当"金贝壳"贷款的总违约率达到 10%,或赔付率超过 150%时,此项业务立即停止。

第三,建立超赔补偿机制。熔断机制一旦启动,市财政支持的 1000 万元超赔基金补偿同时生效。近年来,"金贝壳"业务违约率总体较低,超赔补偿机制改为奖励机制,市财政对承担"金贝壳"业务的银行和保险公司,按业务发生的金额、质量给予相应奖励。仅 2017 年,就发放奖励金 3800 万元,其中奖励保险公司 1800 万元,奖励银行 2000 万元。

2.建立贷前风险管控机制

第一,建立贷前双审机制,即银行和保险公司分别审查。如果业务是由银行端发起的,则银行初步审核借款人材料,再将合格的材料交由"金贝壳"运营管理中心核保,核保通过的客户,银行为其办理贷款手续。如果业务是由保险端发起的,则保险公司经批准登录人民银行征信系统查询客户征信

---

① 此处隐去单位真实名称,以 DEF 替代。

信息,由保险机构先行开展客户受理、评级准入、尽职调查、提交审核、审核审批、承保意向书出具等流程,然后将整套资料提交给贷款合作银行,银行收到资料后,进入独立的简易放款业务操作流程。银行、保险各自独立审核,严把风险关。

第二,建立借款人多重风险保障机制。借款人投保"金贝壳"保险时,一般还需额外向保险机构购买借款人意外保险。对某些从事高风险业务的企业,还需进一步投保财产险、农业险等险种分散风险。通过综合性的保险保障,减少"金贝壳"业务的出险概率。

3.建立贷中贷后风险处置机制

第一,银保联动合力管控风险。银行加强贷款全流程风险管控,在贷中决策、贷后跟踪、逾期催收等各个环节,严格按照银行业操作规范,严把小额贷款风险质量关;保险公司则着力于对贷后逾期进行严密管控,对尚未构成保险事故但已经逾期的贷款,保险公司拥有提前介入催收逾期贷款的权利。银保双方紧密配合、通力合作,常态化开展客户信息、授信决策、贷款逾期、追索欠款等情况的信息交流和共享。

第二,严厉惩戒失信企业和个人。人民银行征信系统随时录入小额贷款保证保险的失信信息和失信人员名单,并向全社会曝光。对失信企业,其已经享有的各类优惠政策、财税补贴和各项荣誉等立即取消;对失信个人,规定三年内不得注册新公司、不得参加公务员报考。情节恶劣的,联合司法、公安等部门对相关主体予以严厉打击。

(四)存在问题

1.金融机构风险与收益不匹配

小贷险主要服务于中小微企业,而中小微企业的抗风险能力较弱。虽然保险公司和银行进行了大量的风险防控工作,但只能甄别单个借款人的主观风险及信用能力,一旦出现系统性金融风险,中小微企业将首当其冲,小贷险业务由此极易出现大面积违约。对保险公司来说,赔付未设上限,超过保险赔付率一定比率的损失由保险公司和政府共担,目前3％左右的费率根本覆盖不了成本;对银行来说,基准利率上浮一般在8％以内,一旦发生违约,银行承担本金损失的30％,那么银行利息的收益很可能无法弥补其坏账损失。

2.业务对象结构不尽合理

"金贝壳"业务对农业种养殖大户的支持力度需进一步加大。目前大部分金融机构对于农村金融市场仍不够重视,固有的业务结构和营销触角无法辐射到农村市场。同时,政府和银行对于小贷险在农村地区的宣传力度偏弱,很多农户未了解到这一金融产品,所以小贷险支持的涉农贷款发放比例仍然偏低。

四、"渔业互保"为渔民撑起保护伞

(一)总体情况

宁波市渔业互保协会成立于 1996 年 9 月,是一家经市民政局批准成立、由市海洋与渔业局主管的公益性、政策性和非营利性互助保险社会团体,也是全国首批成立的地方渔业互保协会之一。面对渔业风险发生概率高、一般商业保险公司在当时不愿涉足的情况,宁波市渔业互保协会组织渔业经营户参加互助保险,采取"政府引导、渔民互助、财政补贴、协会运作、风险共担"的经营管理模式,承办勘查理赔及防灾防损各项工作。经过 20 多年的发展,目前业务涵盖了捕捞渔船、休闲渔船、渔供船、渔业油船、渔业执法船、远洋渔船财产互助保险和渔船雇主责任、船厂雇主责任互助保险,以及水产养殖政策互助保险。1997—2017 年,参保渔船数量从 65 艘增加到 4580 艘,参保渔民人身安全险的人数从 507 人上升到 21206 人,基本达到全市渔船和渔民人身保险的全覆盖,成为宁波市现代渔业平稳健康发展的稳定器。2018 年,"渔业互保"共为全市渔民提供财产和人身风险保障 227 亿元,互保费实际收入 1.29 亿元,其中用于理赔、安全奖励、防灾减损方面的支出费用 1.09 亿元。[①]

(二)典型个案

个案 1:"绿色通道"助受灾渔民尽快恢复生产

2018 年 3 月 5 日,宁波市渔业互保协会象山办事处接到报案,称"浙象渔×××7"船返港途中受横浪侵袭不慎沉没,8 名船员全部获救。接案后,办事处立即成立理赔小组,第一时间赶往码头迎接慰问平安归来的渔民,并会同渔业海事部门对事故进行调查,经查该船受横浪袭击倾斜 45 度,海水

---

① 数据来源:http://www.shuichan.cc/news_view-384023.html。

不断涌入船舱,造成船体失去平衡而沉没。该起沉船事故造成的经济损失高达 400 余万元,给渔民的生产生活带来了巨大压力。协会及时开通理赔"绿色通道",3 月 8 日调查结束后,3 月 9 日对该起案件进行了快速理赔。该案件从接案到理赔只用了 5 天时间,有效缓解了会员的经济压力,充分发挥了渔区稳定器的作用,获得会员和渔区群众的好评和认可。

个案 2:信用"担保函"助会员争抢捕捞黄金期

2018 年春节前夕,浙奉渔×××6 船与浙普×××5 船由于夜间行驶影响视线,于凌晨 2 时在宁波梅山海域不幸猛烈碰撞,导致浙普×××5 船船体破损并进水沉没。赶赴现场处理事故的宁波海事局梅山海事处,遂将浙奉渔×××6 船进行扣押,按一般流程,在事故处理完毕前将不予放行。

春节前夕正是一年中海鲜捕捞的黄金期,渔船被扣押无法作业将带来巨大的经济损失,再加上未知的赔偿款,船东焦急万分。接到报案后,渔业互保协会奉化办事处紧急联系了当地船舶修理厂负责人,协同浙奉渔×××6 船船东,于事发后第二天清早即刻赶赴梅山海事处,就沉船打捞事宜与相关各方进行商讨并形成方案。同时,就浙奉渔×××6 船被扣押一事,与梅山海事处进行协商,为不耽误渔船在生产旺季捕捞作业,尽量挽回经济损失,也为了让后续赔付工作顺利进行,渔业互保协会为浙奉渔×××6 船出具了 100 万元担保函,并于当天下午将担保函及时送达梅山海事处。在多方共同努力下,经梅山海事处批准,浙奉渔×××6 船终于驶离被扣押码头,及时投入捕捞作业中。

个案 3:"预赔付"服务助渔区社会和谐稳定

2016 年 5 月 15 日,渔业互保协会会员浙象渔×××7 船在返港途中失联,船主等 7 名船员失踪。协会接到报案后,积极跟进,主动服务,全力配合渔业主管部门做好案件调查与处理工作。经查阅资料,浙象渔×××7 船与船员的投保额度共计 460 万元。通过与宁波、象山两级渔业主管部门充分沟通,考虑到失联渔船船东家庭急需大笔资金处理善后事宜,协会立即启动"5·15 重大海损事故"紧急预赔付程序,并将 300 万元预赔付款送至失联船东家属手中。调查结束后,协会及时进行了全部赔付结案。

同年 8 月 26 日,浙宁渔×××2 船在江苏小洋港因自然灾害沉没,船上 6 名船员全部落水失踪,协会第一时间送去预付赔款 300 万元,用于帮助遇险船东处理善后事宜,至结案共计赔付 360 万元。

个案4:"雪中送炭"为会员单位解燃眉之急

2015年12月,浙奉渔×××6在作业时遭受外轮撞击沉没,3名船员死亡,损失严重。由于案件处理进程缓慢,船东遭受渔船财产损失的同时,也面临着安抚受难者家属的压力。经船东申请,协会了解情况后,为维护渔区稳定,借给船东75万元,以帮助船东应对前期处理工作,克服眼前的困难。浙奉渔×××6船损失由某外轮全部承担,事故处理结束后,船东及时归还了协会借款。

(三)主要经验

1.坚持高效率、低费用,急渔民之所急

一是理赔效率高。互保协会下设办事处,限额以下理赔案件由各办事处审核,办事处主任或理事会领导直接审批。对于限额以上的案件办理,结案时间一般不超过7天。二是建立预赔付机制,对沉船、死亡等重大案件可进行预赔付。预赔付制度的实施,对安抚渔民、稳定渔区社会起到了十分重要的作用,受到了渔民的一致好评。三是经营费用低。渔业互保协会人员精简高效(在编38人),保险业务全部由协会自主办理,没有中介代理服务,成本费用支出较少。协会管理费按总保费的8%提取,总保费的92%用于渔民和渔船的保险理赔支付。

2.坚持公益性原则,取之于渔用之于渔

公益性和非营利性是"渔业互保"区别于商业性保险的最主要特点,体现在除了正常的出险理赔支出以外,结余资金都用来为渔民办实事。一是投入防灾基础设施建设,推进老旧渔船的防火安全改装。至2015年年底,已安排防火改装渔船85艘,补贴改装资金425万元,受到渔民的一致好评,也得到了国家渔船检验局的充分肯定。二是实行救生衣的常态发放和救生筏的更新补助。每三年为全市会员免费发放救生衣一次,对会员的救生筏更新和日常维修保养均予以补助。三是实行海上抢险救助奖励机制,对海上抢险救人的有功船,按救起人数最高给予每人2万元奖励。四是实施安全奖制度,对每年互保周期内未发生事故的渔船给予该年保费10%的奖励,对参保会员给予自缴保费10%的补助。五是开展特困渔民慰问工作,对因遭受海损事故而导致生活、就医、就学等特别困难的互保渔船船东进行慰问补助。

3.坚持深度式服务，扎根基层不忘初心

一是设立基层网点，依托各地渔船安全管理服务站，挂牌设立了象山东门渔村、奉化桐照渔村等 14 个渔业互保服务站，将渔业互保服务送进渔村。休渔期间，在各个互保服务站设立收费点，方便渔民办理互保业务。二是加强互保宣传工作，对即将到期的保险，提醒会员及时续保；通过短信平台、微信公众号、网站以及组织召开渔民代表座谈会等，多渠道宣传互保政策，加深渔民会员对互保的了解。

4.坚持多元化经营，满足渔业发展需要

一是开展渔船质量检测服务工作。海顺渔船质量检测评估中心是全国第一家渔业船舶第三方检验机构，直属于宁波市渔业互保协会。近年来通过招投标形式参与政府购买服务竞标，中标后对渔船进行 100% 登船检测，帮助船检部门加大渔船质量监管力度，有效控制了船证不符渔船的出现，同时大大缩短了渔民办理船检证书的时间。二是解决渔民生产融资难题，为急需生产资金的会员提供小额贷款；与 12 家银行建立合作关系，为会员提供融资担保服务，有效缓解了渔业生产资金紧缺的问题。

(四)存在问题

存在的问题主要是体制机制尚需理顺。渔业互保协会作为渔民互助保险的社团组织，登记在市民政局，主管部门是市海洋渔业局，所从事的业务却涉及保险行业，长期以来存在管理缺位的问题，特别是业务上缺乏有效的监管。当前，渔业互保业务纳入金融监管事宜十分紧迫，同时，渔业互保协会面临去行政化、政社脱钩的趋势，这些都需要尽快开展互保协会的改制工作。

第四节　保险创新促进中小企业成长未来趋势

宁波保险创新为中小企业提供了行之有效的风险管理解决方案，有力支持了中小企业成长。未来，宁波将从保险型城市建设重点任务出发，把握科技赋能、相互保险以及"保险＋期货"等趋势和手段，更加精准有效地支持中小企业发展。

一、科技赋能,中小企业受益保险普惠

正如本书第三章所述,互联网、大数据、云计算、人工智能、区块链等新科技给保险行业带来的深刻变化和裂变升级,既能促进保险业效能的大幅提升,也代表着保险业发展的重要方向。保险科技正成为各家保险机构竞相追逐的展业利器。除了保险公司之外,许多科技公司、创业公司也在这方面投入大量的资金,成为保险科技行业非常活跃的市场主体。据不完全统计,截至2017年年底,我国专注于保险科技的初创主体近200家。

未来,保险科技的运用将有助于保险普惠覆盖更多的中小企业。例如,区块链技术将被应用于产品溯源,帮助开发跨境电商交易的"正品保险",满足消费者追求海淘正品的心愿,也有助于提升电商平台的诚信度;在食品安全责任险方面,由于物联网、人工智能技术的应用,食品供应的全链条将更加清晰和可追溯,倒逼生产企业提高食品生产安全意识,建立更加安全的食品市场环境;在宠物保险领域,宠物的辨识问题将被人工智能技术有效解决,宠物体内无须硬性植入芯片即可建立独一无二的有效ID,保险公司无须通过和宠物医疗机构合作即可实现宠物轻松投保。

二、相互保险,助力中小企业抱团发展

所谓"相互保险",是指一群有共同需求和面临同样风险的主体自愿组织起来,定义好风险补偿的规则,预交风险补偿分摊资金,从而保障每名参与者风险补偿的组织形式。相互保险是全球保险市场的重要组成部分,占到全球保费总额的27%,在美国及欧洲部分地区,相互保险机构业务非常突出,与股份制保险公司平分秋色。2015年中国保监会发布《相互保险组织监管试行办法》,相互保险业务在我国启动试点。

建立相互保险对中小企业具有积极意义。与股份制保险公司相比,相互保险组织在促进中小企业发展方面具有四大优势。一是不以营利为目的,是中小企业自己的组织。投保人即股东,不仅有保障权,还享有相互保险组织的所有权、利润分配权。二是为企业增信,有助于中小企业融资。国外的相互保险组织多开展信用保障保险,为投保人向银行贷款提供增信。三是投保费用较低,减轻中小企业成本负担。营销费用是保险公司的主要支出之一,而相互保险组织由于是在同类人群中销售,彼此熟悉,因而大大减少了营销费用。四是降低道德风险,促进中小企业合规发展。相互保险组织的成员彼此关联程度较高,不仅相互熟悉,而且作为同行,相互监督能力也较强,能有效降低信息不对称带来的恶意骗保等风险。

三、"保险＋期货",支持"三农"事业推进

"保险＋期货"模式,是保险机构和期货机构共同参与,将农业生产风险逐步分散的运行形式。在该模式中,保险公司开展两项工作:一是根据期货市场农产品期货价格,开发农产品价格险,为投保的农业经营户分散风险;二是购买期货公司风险管理子公司的场外相应品种的看跌期权,以对冲农产品价格下跌可能引发的赔偿风险。期货公司风险管理子公司也开展两项工作:一是应保险公司所需向其出售看跌期权;二是在期货交易所进行相应品种的套期保值操作,以对冲自身的风险。"保险＋期货"模式是保险市场和金融衍生品市场的结合,有别于传统农产品价格险的风险管理模式和财政补贴方式,是对传统价格保险的创新和升级。近年,我国陆续开展"保险＋期货"试点工作。2016 年,大连商品交易所开展大豆、玉米试点,白糖、棉花试点则在郑州商品交易所开展;2017 年,上海期货交易所的天然橡胶试点工作开启;2018 年,辽宁庄河玉米收入险试点落户鲁证期货。

"保险＋期货"试点项目的扩大在促进"三农"发展方面主要具有以下三大优势:一是发挥了期货市场的功能,提高金融机构服务"三农"发展的积极性,因地制宜精准扶贫,助力脱贫攻坚战;二是有助于农产品价格补贴机制的完善,突破传统农业补贴的财政直接补贴方式,利用市场机制分散和管理农产品价格风险;三是创新农产品价格险的风险管理模式,农产品价格险的赔付风险被金融衍生品市场转移,对于完善我国农产品价格形成机制,保障农民、农业收入的持续稳定具有积极意义。

第六章　宁波保险创新赋能
社会治理现代化研究

创新化解社会矛盾的体制机制,提高政府治理能力,完善国家治理体系,是实现社会经济高质量发展的重要一环。保险作为社会经济发展的重要组成部分,在支持实体经济高质量发展的同时,创新政保合作模式,提升保险参与社会治理、公共安全的能力,是宁波保险创新推进保险型城市建设的重点任务之一。本章从宁波面临的社会治理难点与痛点出发,以推动保险创新与社会经济的协同发展为目标,阐述保险创新赋能社会治理现代化理论依据和现实基础,剖析宁波保险创新赋能市域社会治理现代化的典型案例,总结现阶段宁波保险创新赋能市域社会治理现代化存在的问题,并探讨相应的对策建议,使宁波成为保险促进社会治理现代化的创新高地。

第一节　保险创新赋能社会治理现代化
理论依据与现实基础

当前社会治理难点与痛点层出不穷,医患纠纷、食品安全等已成为人民群众普遍关心的问题,对社会治理提出了新要求。本节旨在剖析保险赋能社会治理现代化的理论依据以及宁波保险险赋能社会治理现代化的现实基础,以期为推动宁波保险创新赋能社会治理现代化提供依据。

一、保险赋能社会治理现代化的理论依据

(一)国家治理体系和治理能力现代化

"推进国家治理体系和治理能力现代化"这一命题的提出可以追溯到党的十八届三中全会,会议针对当时的发展形势,对国家治理体系建设和治理能力提出了全新的要求。一个国家的治理体系涉及社会制度和国家事务管理等多个方面，可以包括规范社会和维护社会秩序的权利、形式和规则。[①] 国家治理体系的目的是规范社会权力的制度运行，以及规范行政行为、市场行为和社会行为的制度运行。[②] 与国家治理体系不同，国家治理能力更为抽象，具有动态、多样性和复杂性的特点。国家治理能力现代化是指在应用现代化的手段和技术，国家运用其制度体系管理和干预经济社会各方面的能力，是一种与现代社会、制度互动的能力。习近平在新华网发表的文章对国家治理体系和国家治理能力的内容有详细解释：首先，文章明确我国的国家治理体系是在中国共产党的领导下的制度体系，其内容包括经济、政治、文化、社会、生态文明、党建等多个领域，同时各领域之间又相互作用和平衡；其次，国家治理能力主要体现在改革、发展、内政、外交、国防、治党、治国等与国家制度管理相关的内容；最后，文章还认为国家治理体系与国家治理能力两者可以形成一个有机整体，具有不可分割性。[③] 国家治理能力的发挥离不开一个好的国家治理体系，而国家治理体系的效能发挥更离不开国家治理能力的提高。

国家治理体系和治理能力既相互作用又相互区别。其一，国家治理体系和国家治理能力相互依赖。国家治理能力的有效发挥离不开国家治理体系的建立，而国家治理体系的建立需要国家治理能力的发挥和发展来有效体现。其二，国家治理能力创新依托于国家治理体系的不断完善。一个国家的国家治理能力需要通过国家治理体系的有效性来实现，要想提高一个国家的治理能力，需要尝试制度、规则、经济社会模式的创新。其三，国家治理能力具有传承和继承的作用，而这种传承和继承的过程也可以通过国家治理制度的演进来实现。只有完善的国家治理体系和有效的国家治理能力共同发挥效用，厘清两者之间的内在逻辑关系，才能完成全面深化改革的总体目标，发展和体现中国特色社会主义制度的优越性。

---

① 薛澜，张帆，武沐瑶. 国家治理体系与治理能力研究：回顾与前瞻[J]. 公共管理学报，2015(12)：1-13.

② 连锦泉，等. 保险机制服务国家治理现代化：建设保险型社会助推全面深化改革[M]. 北京：商务印书馆，2018.

③ 习近平. 切实把思想统一到党的十八届三中全会精神上来[EB/OL]. (2013-12-31)[2020-05-30]. http://www.xinhuanet.com//politics/2013-12/31/c_118787463.htm.

（二）政府职能转变需求的迫切性

1.建设服务型政府的需求

随着市场经济体系不断完善，由政府大包大揽和以计划指令、行政管制为主的管理模式弊端日益凸显，已有的制度管理模式与当前社会经济发展的需求逐渐不相适应，政府职能的转变已迫在眉睫。众所周知，我国的主要社会矛盾已转变为人民日益增长的美好生活需要与不平衡不充分的发展之间的矛盾。随着人们对社会公共产品需求的不断增长，政府管理的观念必须从"政府本位"转变为"公民本位"。此时，需要找到能够代替管制型政府的新模式。新的公共事务管理理论试图将私营部门在绩效和客户满意度方面的经验引入公共部门，并主张将传统公共管理的政府中心主义转变为顾客中心主义。新公共服务理论强调全体公民才是国家、政府乃至全部国有资产的所有者，所以政府的基本职能应该是回应公民诉求，为公民服务。①以上理论探索都反映了"以人为本"思想，创建服务型政府的理念和社会需求也应时而生。服务型政府是建立在民主政治基础之上的政府模型，与当代市场经济相适应，将服务社会、服务公众作为政府的基本职能。② 2006年党的十六届六中全会最早提出"建设服务型社会"这一目标。党的十九大以来，更是将目标升级为"建设人民满意的服务型政府"，逐步确立了"人民满意"的政府管理评价标准。

2.高效政府必须与市场相结合

当前，国内外形势复杂严峻，全球化进程不断加快，社会正在发生一系列深刻变革。党的十八届三中全会审议通过的《中共中央关于全面深化改革若干重大问题的决定》，对政府与市场的关系进行了描述。经济体制改革是全面深化改革的重点，其核心问题是处理好政府"有形之手"与市场"无形之手"的关系，充分发挥市场在资源配置中的决定性作用，同时更好发挥政府在经济体制改革中的作用。在全面深化改革的背景下，首先要完成从"全能政府"向"有限政府"的转变，政府权力严格在法治框架下运行，做到有所为有所不为，更多地向社会提供公共服务。而要进一步完成向"有效政府"的跨越，就需要在厘清市场和政府界限的同时，做到政府与市场协同发展。

---

① 张柏,卢东宁.从管制到服务:服务型政府理论的历史演变[J].商,2015(30):53.

② 徐衣显.转型期中国政府经济职能研究[M].北京:中国财政经济出版社,2007.

要想实现"有效政府"，首先需要以社会需求为导向，针对社会需求提高政府自身的服务质量。从当前形势来看，政府职能部门已经体现出了较好的组织、人事和财政实力，技术效率较为显著。但是，更高的技术效率通常只考虑管理的便利性，而很少考虑服务对象的需求。因此，政府效率的提高，职能的有效转变，不但需要建立在社会和公民需求的基础上，还需要考虑成本和效益，充分发挥市场在资源配置方面的天然优势。

3. 政府职能转变和治理工具的应用创新需求

公共服务职能是政府职能的重要组成部分，我国政府在优化公共服务职能方面经历了漫长的探索过程。随着中国社会的发展，居民个体经历了从家庭成员到单位人，再到社会人的转变，国家的社会形态也经历了从"统治"到"管理"再到"治理"的发展过程。[①] 在计划经济时代，国家权力渗透到社会活动的方方面面，体现了"强国家、弱社会"的社会形态。随着社会功能逐渐增强，社会管理日益受到重视，且外延逐步拓展，"社会治理"一词在党的十八届三中全会上正式提出。区别于社会管理，社会治理的侧重点在于公共事务中有利益相关者的参与，互动和协商中增加了民主元素。在此基础上，关于社会治理的模式，中国共产党第十九次全国代表大会进一步明确了其共同建设、共同治理和共享社会的特点。与以往相比，此种社会治理模式是一种理念上的创新，例如，治理的方式已从单方协调变为多方协调，从原先完全依托政府转变为政府与企事业单位、人民组织、社会组织、个人公民和其他主体多方参与合作。

(三)保险推进社会治理的理论依据

经济学家关于保险推进市域社会治理的理论解释主要集中在公共产品理论、福利经济学理论以及公共治理理论。

1. 公共产品理论

公共产品是指一种商品一旦生产出来，增加新的消费者并不会导致成本额外增加，与此同时，所有的消费者都可以消费该产品，即公共产品具有非竞争性和排他性的特征。根据公共产品的特征，以盈利为目的的私营机构或部门并没有足够动力去生产这类商品，但有时这类商品又是必需的，因

---

① 张磊.社会治理共同体的重大意义、基本内涵及其构建可行性研究[J].重庆社会科学,2019(8):39-49.

此,需要政府部门去推动或者主动推出此类商品,使所有的公民都可以使用或者消费此类商品。保险企业属于市场化运作的盈利机构,原本并没有动力生产公共产品,但是政府可以通过创新政保合作机制,让保险机构为社会治理提供匹配的创新产品、创新服务和制度支撑,使得保险产品在满足私人消费的同时,还能衍生出正向外部性,其受益群体包括与社会治理工作相关的社会团体或者个人。因此,推动保险参与社会治理,不但离不开保险机构,更离不开政府部门有效的引导和管理。

2.福利经济学理论

福利经济学认为,在充分竞争的完美市场条件下,市场"无形之手"可以实现资源的最优配置,达到成本和收益的均衡。然而真实的市场运作并不是有效的,单纯依靠市场进行资源配置容易导致资源错配的问题,个体较难实现帕累托最优均衡,因此,需要政府"有形之手"来干预和调节。而保险的再分配职能恰巧能与政府职能部门寻求的成本收入均衡相适应。保险通过集中多数人手中的一部分收入,解决少部分人因为灾害事故等原因导致的收入不均衡问题,实现社会收益再分配,达到社会福利增加的目的。

3.公共治理理论

公共治理理论认为,政府是治理的主体,需要通过创新机制来提高政府的公共事务管理效率,更好地为社会大众服务。但由于政府公共事务内容涉及范围较广,要实现的目标具有多样性的特点,政府公共事务在执行过程中往往存在较多制约。因此,公共治理理论并不主张政府大包大揽,而是认为政府在处理公共事务时应建立良好的社会秩序,与不同的社会组织机构合作,本着平等、互利的原则开展具体事务,提高治理效益。将保险引入社会治理体系就是一个典型的例子。社会治理类保险项目的出台离不开政府、保险机构、社会大众、企业等社会群体的共同参与,在多方合作、平等互惠的前提下保障各方利益,提高公共事务处理效率和社会治理能力。

(四)保险参与社会治理的功能与效用

保险作为一种金融工具,在社会经济中的地位日益凸显,其内涵也不断扩大和深化。当前,保险在社会治理、经济发展等领域发挥的功能还有待加强。2014年,国务院对保险行业发展趋势提出新的要求:充分发挥保险自身优势,将保险职能应用于社会、经济等方面,例如,借助保险风险管理职能来完善社会治理体系,利用保险经济补偿机制来参与灾害救助工作。保险公司作为市场机构,以营利为目的,而政府作为社会管理职能部门,具有非营利性。因此,保险参与社会治理主要通过政府职能与市场机制相结合的政保合作模式,旨在强化政府主导,发挥市场资源配置效用,使保险在社会公共服务、社会风险管控等领域发挥功能与效用,实现政府职能转变。

1. 保险参与社会治理的功能

保险参与者在公共服务领域的功能与效用主要由其自身的职能和功能决定,这主要体现在保险的风险管理功能、社会经济补偿功能和社会管理功能上。

保险的风险管理功能主要体现在风险和损失的转移,即将少部分人的损失分摊到整个团体中,用相对数额较小的平均损失来代替实际损失,帮助企业和社会应对重大突发事件,缓解社会矛盾,维护社会稳定,助推经济发展。

保险的社会经济补偿功能体现了保险的保障属性,也是保险区别于其他金融产品的重要特点和核心竞争力,即用分摊损失的形式来补偿或者降低单位或个人的灾害损失,实现经济补偿的目的。[①]

保险的社会管理功能是指依托保险的自身优势和特征,将保险渗透在社会管理、经济发展等多个领域,通过保险职能的有效发挥来进一步完善社会运作秩序和加快经济发展步伐。[②] 除了经济补偿功能和融资功能外,社会管理功能是保险已渗透到社会和生活等许多方面之后的又一个重要功能。保险的社会管理功能的具体体现形式也是多方面的,其主要管理内容包括社会保障、社会风险、社会关系、社会信用。在社会保障管理方面,随着社会的发展,现有的社会保障体系已不能完全满足社会需求。商业保险作为现有社会保障体系的重要补充,不但能满足社会大众的需求,还能化解矛盾和协调社会各方利益关系,已然成为现有社会保障体系的重要组成部分,能满足社会大众对社会保险和社会保障不断增长的需求。在社会风险管理方面,将保险机制引入政府管理中,有助于降低政府的社会风险管理成本,提高经济效益,确保人民生命财产安全。例如,常见的保险类型包括自然灾

---

① 李江宁,殷晓松.保险业在国家治理体系中的定位及发展研究[M].天津:南开大学出版社,2016.

② 李江宁,殷晓松.保险业在国家治理体系中的定位及发展研究[M].天津:南开大学出版社,2016.

害公共责任保险、食品安全责任保险、安全生产责任保险等，都是保障民生安全的新型保险产品。在社会关系管理方面，保险的作用主要体现在对损失的赔偿以及灾害和事故的处理上，保险公司以第三方的身份参与事故的处理过程，作为"社会润滑剂"以缓解社会矛盾。在社会信用管理方面，保险机制本身就是建立在信用基础上的，并受到法律的保障，保险公司通过收集企业和个人的信用记录，有助于建立社会信用体系，营造诚信的社会环境。

2. 保险参与社会治理的效用

除了保险本身的职能，保险引入市域社会治理体系中，通过政保合作提高政府风险管理的正向外部性，还归因于保险有助于政府部门降低社会管理成本和提高社会经济效益。一方面，保险有助于政府部门降低社会治理成本，减少风险发生概率。一个国家或者社会团体的运行经常承受着大范围的风险，例如自然灾害、公共安全事故、群体性突发事件等，这就对社会风险管理和控制提出新的要求。政府部门利用保险参与社会治理进行风险防范和管理，能有效降低风险发生概率和社会运行成本。保险公司在长期的风险评估中积累了丰富的风险管理和防控技术，不但可以掌握风险发生的原因，还可以利用技术测算多种风险发生的概率，以及可能造成的损失严重程度。例如，山东省实行的安全生产责任保险就是强化风险管理和事前风险防范，由保险机构参与企业安全生产的专业化管理，做好安全监察监管工作，降低生产安全事故发生的频率，提高突发事件的应对能力。另一方面，保险参与社会治理有助于缓解财政压力。灾难发生之后，保险公司可以根据受损严重程度给予经济补偿，这样不但能够及时帮助受害群体恢复正常的生产和生活，还能够缓解政府救助压力，完善社会公共突发事件应急体系。

保险公司作为盈利机构参与市域社会治理的动机主要体现在提升其自身的盈利能力、丰富保险业务内容和强化企业社会责任等方面。保险公司参与社会治理虽然分担了原本属于政府部门承担的社会公共风险，但是政府通过保费补贴、税收优惠等形式支持保险公司的运作，本着保本微利的原则，保险公司一方面可以获取剩余价值，实现保费的增长，另一方面，可以利用政保合作社会治理项目普及面广的特点，拓展客户群体，在此基础上开拓新型配套业务，满足市场多元化需求，寻找新的盈利点。与此同时，随着保险体系的逐渐成熟，保险服务领域不断扩大，几乎可以涵盖生产生活的各个领域。保险公司参与社会治理能丰富其业务内容,实现保险创新,增强社会服务能力。此外,保险作为金融机构参与市域社会治理项目有利于其履行社会责任,树立良好的企业形象,获取消费者信任,得到政府部门政策支持,与政府部门建立良好的长期合作关系,有利于其自身长远发展。

二、宁波保险赋能社会治理现代化的现实基础

(一)新形势下公共风险管理创新的迫切需求

公共风险的特征有别于其他风险,公共风险具有群体性,较难通过市场来分散风险。由于风险的排他性、外部性,公共风险无法将成本转移到商品价格上,也无法通过市场行为来分散风险,市场运行机制无法应用于公共风险的应对中。[①] 在市场调节机制失灵的情况下,政府已成为预防和解决公共风险的重要管理者。目前,宁波社会经济发展已经达到了一个新水平。截止到 2019 年年底,宁波全年实现国内生产总值接近 1.2 万亿元,按常住人口计算,全市人均国民生产总值超过 14 万元,按年平均汇率折合超过 2 万美元,基本处于初级发达国家水平。但与经济发展相比,宁波社会发展还存在诸多短板,例如 2019 年全市共立案查处食品安全各类违法案件 2965 件,其中大要案 18 件,移送公安机关涉嫌犯罪案件 23 件。这表明从长期来看,宁波对于公共风险管理的需求是非常迫切的。

(二)综合试验区为保险创新创造制度环境

2014 年 7 月,宁波被批准为全国首个"会省市共建"的保险创新综合示范区,将保险渗入政府服务、民生保障、经济建设、公共安全、社会建设等多个方面,发挥保险自身优势,不断激发保险产品创新活力,使保险更好地服务社会、服务经济、服务大众。宁波率先探索了各类保险创新产品,例如,医疗事故责任保险、食品安全责任保险的出台在有效处理和化解社会治理矛盾等方面取得了显著成效,在保障民生等方面取得了较好成绩。在此基础上,2016 年 6 月,宁波被进一步批准为首个国家保险创新综合试验区,这是国家保险业的改革创新和保险业参与社会治理、民生保障方面的示范。结合当地社会、经济特征,宁波保险创新之路逐渐形成了"宁波模式"和"宁波解决方案"。就服务社会治理方面而言,品种也很多,如:医疗责任保险的推

---

① 马丁·冯,彼得·杨.公共部门风险管理[M].陈通,等译.天津:天津大学出版社,2003.

广缓解了医患矛盾；食品安全责任保险保障了大众"舌尖上的安全"；电梯责任险防范和控制了小区居住风险；城镇居民住房综合保险保障了居民住房安全；等等。

（三）经济稳健发展为保险服务社会治理提供保障

第一，宁波地区的经济总量在 2018 年实现大的飞跃，全市生产总值突破万亿元，成为浙江第二个晋升"万亿俱乐部"的城市。若论城市财力、百姓收入，宁波则有较大优势。2018 年，宁波市公共预算总收入以 1379.7 亿元位居"万亿俱乐部"第 13 位，超越青岛、郑州和无锡；在居民人均可支配收入方面，宁波市以 52402 元名列"万亿俱乐部"第 6 位。宁波实现政府、居民收入双高实属不易。

第二，宁波经济迈向创新驱动期。根据迈克尔·波特的经济发展阶段理论，宁波目前正处在从投资驱动迈向创新驱动阶段。一方面，投资拉动经济发展的方式已经不可持续。按照国际通用的增量资本产出率（ICOR）①来衡量地区的宏观投资效率，宁波 2015 年达到峰值 10.3，现有投资效率并不能满足社会经济发展需求。另一方面，经济发展中的创新要素投入不断增加，全社会研发支出总额占国民生产总值的比重逐年上升，2018 年达到2.6％；在规模以上工业中，高新技术产业的增加值所占比重也逐年提高，2018 年突破 50％。ICOR 自 2016 年开始逐年显著下降，以及 2017 年社会投资率同比下降，充分说明投资作为经济增长的驱动力，正逐步被创新等其他要素部分替代。

（四）服务宁波经济高质量发展已经成为保险行业化解社会矛盾、解决突出问题的重要途径

自建立保险创新综合示范区后，随着市场参与者的逐步增加，市场秩序的日益规范，经营效益的不断提高和保险资产规模的不断扩大，保险业经历了持续快速健康稳定的发展。同时，保险业创新产品数量屡创新高，在经济、民生、社会治理等多个领域实施"保险＋"战略。保险业在巨灾风险、健康保险、养老保险、责任保险等方面进行了积极有效的探索，为宁波的高质量经济发展、社会公共安全和民生改善提供了良好的支持和保障。保险创新实践经验的推进为宁波保险业的进一步发展创造了良好基础条件，例如，

---

① 增量资本产出率（ICOR）＝资本形成总额/以支出法计算的 GDP 增加量。

储备和积累的相关数据、信息、资料不但可以服务实体经济发展,也为政府决策提供依据,同时也为保险服务社会治理提供了精算基础和管理经验。此外,宁波致力打造"保险硅谷",创建良好的保险创新环境,为保险服务社会治理现代化提供支持。保险业是人才密集型产业,宁波通过多年的人员培训,已经形成了许多保险领域的专业团队。他们凭借先进的经营理念、敏锐的政策意识和出色的创新能力,竞相开辟保险服务社会治理市场。

第二节　保险创新赋能社会治理现代化典型案例

针对当前社会治理层面出现的难点、痛点,宁波持续推出了医疗责任保险、食品安全责任保险、电梯责任保险等多个创新项目,使保险成为助力平安建设、缓解社会矛盾的有效工具,以较低的制度成本获得了较高的社会治理效益。

一、保险创新助力平安建设

保险创新促进城市平安建设的宁波实践主要体现在安全生产责任险、食品安全责任险、公共巨灾保险、城镇居民住房综合险等险种上。

(一)安全生产责任险保障生产经营安全

1.基本情况

宁波市历来注重生产经营安全,为保障人民财产和生命安全,提高社会大众对生产安全的警觉性,早在2010年就发布了《宁波市企业安全生产责任保险暂行办法》和《宁波市企业安全生产责任保险暂行办法实施细则》,旨在营造更好的生产、经营安全环境。2016年,宁波被列为国家保险创新综合试验区,进一步探索"责任保险＋安全服务"模式。该险种由人保财险联合太保财险、平安财险组成的共保体承保,企业采取实名方式投保,投保范围为企业所有从业人员。

(1)保险费用

根据企业规模(规模以上企业、规模以下企业)、工作场所(有限空间作业场所、可燃爆粉尘作业场所、喷涂作业场所)、企业类别(机械重工企业、冶金企业、涉氨制冷企业)三方面内容将投保企业划分为 A、B、C、D 四类。相应的保费标准是：每名员工 80 元起步，100 元、150 元和 200 元不等。同时，保险费率根据安全生产管理水平和理赔记录进行适当浮动。

（2）理赔方式

在生产期间发生安全事故，在已有保险的基础上，按照投保企业提供的从业人员名单，每名员工最高可获赔 50 万元，且保险公司承担事故救援费用 50 万元。

相关服务：为降低事故发生概率，将事故的苗头扼杀在摇篮里，中国人保与专业的安全生产技术服务机构合作，针对企业规模、行业类别等企业情况，定期提供配套的专业安全生产服务，内容主要包括安全隐患清查、安全教育培训、台账建立指导、资讯平台建立、应急预案制定、应急救援演练和自评换证帮扶等 7 个方面，旨在帮助企业提高安全生产水平。

2.险种推行成效

第一，"责任保险＋安全服务"模式实现高危行业全覆盖。截至 2018 年年底，保险涵盖范围涉及危险化学工业、矿山、烟花爆竹、金属冶炼和民爆等 5 个高风险行业，共计 914 家企业，保费收入达 1267.99 万元，保险总额达到 172.63 亿元，投保企业数量居全省首位。

第二，"责任保险＋安全服务"模式降低了安全事故发生率。2018 年，在已投保的高危行业企业中只发生 1 起死亡事故（死亡 1 人），这意味着"责任保险＋安全服务"模式发挥着事前事故预防的效用。保险公司对投保企业提供突出事故预防服务，包括提供风险分析、隐患排查、安全培训等基础安全服务，以及标准化、安全评价、应急预案编制等增值服务。一系列安全"服务包"的提供大大提升了企业安全生产管理水平和风险控制能力，有效减少了安全事故发生的可能性。此外，将保险费率与企业安全管理能力和理赔记录挂钩的模式也激励投保企业加强安全生产管理和降低事故发生率。

（二）食品安全责任险保障"舌尖上的安全"

1.基本情况

为减少食品安全公共事件，加强食品安全，国务院早在 2012 年就提出积极开展食品安全责任强制保险制度试点的意见。2014 年《中华人民共和国食品安全法》出台，关于食品安全责任保险制度的建立有了更进一步的内容，比如"鼓励建立食品安全责任保险制度，支持食品生产经营企业参加食品安全责任保险"。2015 年，为细化工作内容，浙江省出台《浙江省开展食品安全责任保险试点工作的指导意见》，明确要求全省各地结合实际情况积极开展和推进食品安全责任保险的试点工作。

为了解决食品安全事件引起的民事责任纠纷，2015 年 7 月，宁波市食安局、市场监管局、金融办、保监局联合发布了《宁波市食品安全责任保险试点工作方案》。同年，全国第一个区域性公共食品安全责任保险项目登陆鄞州区。鄞州区政府财政出资 300 万元向保险公司购买公共食品安全责任保险服务，其保障范围主要集中在公共民生领域，包括农村集体晚宴、中小学和幼儿园食堂、建筑工地食堂、养老机构食堂、公益事业机构食堂、群体性食物中毒事件。

为保障食品责任保险顺利运作，宁波市政府部门建立了专门的第三方机构——食品安全责任保险运营服务中心，该中心旨在服务、监督食品安全保障机制。同时，该中心的运营遵循"政府主导，市场运作，分步实施，注重服务"的原则，其运作手段包括公共领域统一购买保险，实现一般风险商业覆盖，以及积极推动强制保险立法等，逐步建立多元的食品安全责任保险体系——以公共性食品责任保险为基础，辅以商业性食品责任保险和强制性食品责任保险的食品安全风险防范体系。公共性食品责任保险产品多集中在公共民生领域或定性为输入性、区域性的群体性食品中毒事件；商业性食品责任保险指的是以一款具有普适性的食品安全责任险产品为基础，企业根据自身特征自主选取具有行业特色的附加型产品。区（市）县政府对投保商业性食品责任保险的企业进行保费补贴。强制性食品责任保险参照"交强险"，实行"保本微利、盈亏平衡"的经营模式，为风险较大的食品生产、加工、销售和流通等领域提供保障。

2020 年，由于疫情影响，餐饮行业经营陷入困境，宁波市鄞州区食品安全办公室协同市公众食品安全责任保险运营中心出台一系列补助措施，包括：提高政府补助比例到 50%～100%；下浮投保单位的保费（20%）；向美团和饿了么骑手赠送 9.6 亿元保险保障；向餐饮企业赠送传染性基本保险；保单免费延期 2 个月。

2.险种推行成效

第一，食品安全责任险实现全覆盖。2016 年年底，公共性食品责任保险已经实现宁波市全覆盖，保障了 700 多万百姓"舌尖上的安全"。截至 2017 年 8 月底，有 388 家知名食品加工、餐饮企业投保商业性食品责任保险,实现保费 205 万元,累计提供风险保障 28 亿元。截至 2019 年年底,食品安全责任险已经实现市域全覆盖,累计保费金额为 6995 万元,保费额度为 196.3 亿元,涵盖农村集体聚餐点、中小学校和幼儿园食堂、建筑工地食堂、养老机构食堂等。此外,食品安全责任险的宁波模式已经在安徽宿州、陕西榆林等地成功推广。

第二,宁波公众食品安全责任保险运营中心的建立,有助于完善理赔机制和风险防范机制。为了更好地提供公共食品安全责任保险运营服务,加强风险防范和控制,提高理赔效率,宁波市成立了第三方服务机构"宁波公共食品安全责任保险运营中心"。作为独立组织,该中心成立了专业的技术团队,主要负责全市的公共食品安全管理工作,内容涉及公共食品安全的风险评级、危机预警和食品安全宣传,以确保民众"舌尖上的安全"。

（三）公共巨灾保险完善社会治理体系

1. 基本情况

2017 年,宁波市政府出台一系列文件,旨在进一步推进和深化巨灾保险工作,并提出了详细的实施意见和方案,这标志着宁波正式实施巨灾保险。政府以统一购买的方式,由财政出资从保险机构购买此类保险。其保障内容主要是:当公共巨灾发生时,保险公司主要负责具体的理赔和救助工作。具体保障内容包括:处于宁波市行政区域内所有人口的人身伤亡抚恤资金(包括见义勇为人身伤亡增补抚恤金),以及本市常住居民的家庭财产损失的救助资金。

（1）保费情况

宁波市政府与宁波人保财险签订三年期(2018 年 1 月 1 日—2020 年 12 月 31 日)的公共巨灾保险合同,由市政府财政出资,保费每年 5100 万元,保险保障金额每年 7 亿元,内容包括人身伤亡抚恤、家庭财产损失救助、公共事件人员伤亡抚恤及转移安置。

（2）赔付方式

自然灾害和公共安全事故造成人身伤亡的,每人赔偿限额为 20 万元;自然灾害造成房屋破坏和进水情况的,每户每年最高补偿额为 3000 元;如若发生公共安全事故,在找不到负责人或现有负责人无法为公共安全事故承担赔付的情况下,由保险公司负责赔付,金额为每人每天 150 元,最多 90 天。

2.险种推行成效

第一,2018年市政府与人保财险公共巨灾险保险合同的签订,标志着宁波市巨灾保险工作正式进入全面实施阶段,扩大了保险覆盖内容,除了试点时期的台风、暴雨、洪水,还将暴雪纳入保障范围。

第二,市政府的巨灾风险准备金平衡了保险公司经营波动。宁波市政府在公共巨灾保险的基础上,每年安排巨灾风险准备金1020万元,用于应对巨灾保险可能造成的保险公司年度经营亏损,平衡保险公司的经营状况。

(四)城镇居民住房综合险保障住房安全

1.基本情况

2015年6月,全国首例城镇居民住房综合保险正式落地镇海。镇海区政府出资204万元,针对2001年以前的1934幢房屋投保住房综合保险,总计投保房屋面积326.772万平方米,住房保险保障金额93.45亿元,形成政府指导、财政出资、覆盖全辖区住房保障的综合保险项目。表6-1列出了城镇居民住房综合险的内容、范围、赔付标准。

表 6-1　城镇居民住房综合险的内容、范围、赔付标准

保险内容	保险范围	赔付标准
城镇居民住房保险	(1)房屋倒塌造成的人身伤亡、房屋损失及安置费用; (2)危房撤离发生的临时安置费用; (3)保险房屋整体成为危房而发生的临时安置费用。	(1)每平方米最高赔偿限额2500元; (2)临时安置费用每次事故最高安置180天,每平方米每天的安置费用为1元。
公共责任保险	保险房屋整体倒塌造成的人员伤亡。	(1)每人人身伤亡赔偿限额50万元,其中医疗赔偿限额10万元; (2)每次事故赔偿限额2500万元,其中每次事故医疗费赔偿限额200万元; (3)保险期间累计赔偿限额4000万元。

城镇居民住房综合险出台的基本原则是"政府引导、居民参与、群防共治、强化管理",建立并完善城镇居民住房突发灾害事故应对措施的综合管理机制。除了财政和金融部门推进落实城镇居民住房综合保险,房管部门

要指导督促保险机构开展辖区内房屋安全普查工作,建立起完善的房屋安全电子档案和动态监测系统,为房屋日常监测提供重要依据。规划部门要提供全市城镇居民房屋基础地理信息,并定期更新。保险公司在办理城镇居民住房保险、承担临时安置费用和公共责任保险责任时,还应当委托第三方专业监督机构为被保险人提供安全动态监测服务。

2.险种推行成效

第一,宁波市城镇居民住房综合险实现全覆盖。2016年年底,宁波城镇住房综合保险已经实现全覆盖。2016年4月末,首例城镇居民综合住房保险理赔发生在奉化市锦屏街居敬路。60户家庭从保险公司处获得了39.2万元的临时安置补偿费。

第二,事前防范功能凸显。投保城镇住房综合险的房屋,将享受住房动态安全检测服务,由保险公司设立或聘用专业技术团队,对住房质量进行日常动态监测,提供安全保障服务。对于检测结果存在风险的房屋,将采用安全预警和加固解危的方式解决旧房屋倒塌的危险,将防范工作做在前头,减少财产损失和人员伤亡。

二、保险创新缓解社会矛盾

保险创新缓解社会矛盾的宁波实践主要体现在医疗责任保险、司法援助保险、电梯安全综合险、电动车综合险等险种上。

(一)医疗责任保险化解社会纠纷

1.基本情况

为了加快探索有效解决医疗纠纷的方式和方法,2008年宁波市发布了《预防和处置宁波市医疗纠纷暂行办法》。李惠利医院是首家实行医疗责任保险的医院,由医疗机构为医护人员提供保险,针对医院方过错造成的医疗事故,为患者提供经济补偿,以保障患者的权益。2012年,在秉承"政府引导、市场化运作、多部门协调和第三方介入"的理念下,为进一步优化医疗纠纷处理机制,宁波市通过了地方人民代表大会立法并颁布实施了《宁波市医疗纠纷预防和处置条例》。该条例将索赔处理机制和人民调解机制同时引入纠纷处理过程中。2014年,医疗责任险的范围进一步扩大到全市社区、村级医疗机构。

保险理赔模式的创新点主要体现在两方面。其一,成立医疗纠纷索赔处理中心。该中心由承保的多家保险公司联合成立，主要负责处理医疗纠纷的具体理赔事宜。其二，在司法部门选聘、管理和指导下建立医疗纠纷调节机制。宁波市政府在市和各区县（市）设立医疗纠纷人民调解委员会（简称医调委）作为医疗纠纷调节机制的核心部门，主要负责医疗纠纷的调节工作。医调委的日常运作经费主要由区县（市）两级财政承担，不需要服务对象出额外的费用，以确保调节工作的中立。为保障调节工作的科学性，医调委聘请专业的法医、医学专家和法律人士组成专家库，提供专业技术咨询支持。

为提高医疗纠纷处理效率，医疗责任保险的具体处理程序依据索赔金额的不同而不同。对于索赔金额 1 万元以内的，由医院方自行协商处理，只有超过 1 万元索赔金额才需要通过理赔中心来解决；对于索赔金额超过 10 万元的医疗纠纷，为保证处理结果的专业性和客观性，理赔中心需要组织专家对该事故进行专业的医疗事故技术鉴定。

2.险种推行成效

第一，医疗责任险缓解医患矛盾成效显著。截至 2019 年年底，宁波市医疗责任险已覆盖全市 200 余家公立医院和 650 多个村级诊所，处理医疗纠纷累计 7000 余起，纠纷调解成功率达到 95％，全市医疗事故已达 50 万人次，大大减少了医闹现象。

第二，推出医疗意外险作为医疗责任险的补充。2018 年年底，李惠利医院心血管内科、心脏外科的 3 个病区作为首个试点单位投保由人保财险推出的医疗意外险。该保险由患者自愿购买，保费 600～2000 元不等。一旦发生保单中约定的医疗意外事故，患者可获得的赔付最低 5000 元，最高 10 万余元。与医疗责任险不同，医疗意外险由患者购买保单。配合医院购买的医疗责任险，应对医疗事故，进行手术的患者可以获得双重保障。

（二）司法援助保险推动法律维权

1.基本情况

宁波市注重保险功能创新，积极运用保险手段参与社会治理，开创性地在"执行不能"案件中引入保险理赔机制。最高人民法院 2017 年 5 月出台《关于制定浙江宁波市中级人民法院开展在部分"执行不能"案件中引入保险理赔试点工作的通知》，标志着宁波被确定为全国首家开展司法协助保险工作的试点地区。当年 12 月 26 日，全国首个司法援助保险正式落地宁波，宁波市中级人民法院为唯一的试点法院,由中国人寿宁波分公司提供司法救助保险。作为普惠性质的保险产品,司法援助险尤其区别于商业保险,其具体内容见表 6-2。

表 6-2　司法援助保险内容

投保人	宁波市中级人民法院
理赔对象	涉人身损害赔偿的刑事附带民事案件申请执行人。
适用对象	2018 年 1 月 1 日—2018 年 12 月 31 日裁定终结本次执行程序的涉人身损害赔偿的刑事附带民事"执行不能"案件。
索赔条件	执行刑事附带民事诉讼案件后,被执行人无权执行财产,并裁定终止执行程序。
索赔内容	未执行到位的人身损害赔偿。
保险公司服务内容	赔偿额度为实际未执行到位金额的 30%,最高以 10 万元为限; 保险公司享有追偿权; 协助法院执行和提供心理辅导等配套的延伸服务。
保额	根据历年平均值估算,全市辖区内采用统一的保险费率和理赔标准(次年起根据实际数据再作上下调整)。

2018 年年初,一对痛失爱女的宁波夫妇在宁波市中级人民法院工作人员协助下,从保险公司申领到司法援助保险赔偿金 7.2 万元。同时,考虑到申请执行人的实际经济困难,宁波市中级人民法院还向申请执行人发放司法救助资金 5 万元。这是全国首例司法援助保险案。司法援助保险在一定程度上弥补了申请执行人的经济损失。

2.险种推行成效

第一,2018 年年底已基本实现全市两级人民法院的全覆盖。2018 年,全市司法救助保险总收入 671.98 万元,保险金额 3040 万元,累计赔偿案件 40 件,赔偿金额 355.63 万元。

第二,配套增值服务已经落实。按照"保险＋服务"的模式,宁波市司法救助保险的增值服务包括建立司法救助保险服务窗口、协助查明被执行人财产线索、心理咨询等。配套增值服务的推出,一方面,可以降低保险赔付和宣传司法援助保险服务;另一方面,体现了对被保险人和法院执行工作人员的人文关怀。

(三)电梯安全综合险提升小区安全管理水平

1.基本情况

2016年,宁波引入电梯安全综合险,开辟电梯安全管理新方式。首批试点单位集中在鄞州区,涉及5家维保单位、9家物业单位和26个居民住宅小区,由人保财险作为电梯安全保险的承保单位。

(1)保费情况

保费主要来源于物业费中的电梯维保基金(约占90%,每部电梯约4200元)和政府财政补贴(每部电梯550元)。

(2)理赔方式

每人最多赔偿100万元,每部电梯赔偿总额不超过2000万元。

(3)配套服务创新点

第一,维保工作由维保单位和保险公司共同参与和承担。维保单位主要负责日常电梯的维护和保养,保险公司作为电梯安全风险的管理方、监控方和保障方,负责监督维保单位的日常工作,实时评估和监控潜在风险。

第二,人保财险自主研发的"电梯卫士"手机App提高了后台电梯安全风险监控效率,增加了风险评估时效,有助于及时排除隐患。

2.险种推行成效

第一,电梯安全综合险赔付范围扩大。2018年,宁波电梯安全综合保险扩大了服务范围,在赔付内容中增加了电梯配件的更换费用,还为每部电梯提供最高8万元的风险保障,以实现电梯生命周期的安全监督和保障。将配件更换纳入保险服务范围降低了电梯使用单位经营成本,鼓励其及时更换老旧电梯零配件,降低事故发生概率。

第二,电梯安全综合险覆盖范围扩大。电梯安全综合险的"保险+服务"模式不但保障电梯运营安全,还为物业部门提供维保监督、排查重大安全隐患的服务。截至2020年4月底,共有6657台电梯参保电梯安全综合险,涉及111个小区、235个商业广场和企事业单位,风险保障达1331亿元,预计2020年年底实现市域全覆盖。

第三,电梯安全综合险提升电梯维修保养质量。保险公司通过电梯监控芯片对参保单位进行信息化采集,参与电梯维保任务,完成率达98%以上,针对不符合要求的维保工作予以监督、建议整改,排除安全隐患。据统计,已投保单位的电梯事故发生率降低了37%。

（四）电动车综合险助力社会治安安全

1.基本情况

电动车综合险是电动车智能防盗系统的重要组成部分。为降低电动车被盗案件的发生，保障车主的合法权益，2017年，余姚市作为试点区域，率先以"企业投资＋政府实施"的形式推广电动车智能防盗系统。该系统通过在电动车上安装的电子标签，依托主要交通路口和重点通行区域安装的固定监控基站，对已安装了电子标签的电动车进行监控，只要安装了电子标签的电动车出现在基站检测范围内，就会被记录并迅速定位和追踪，从而有效地减少了电动车被盗案的发生。

（1）保费情况

车主只需支付每辆电动车100元的服务费，该费用包括电子防盗标签，防盗备案号牌，安装和维护费以及由人保公司提供的三年车辆盗抢险。三年期满后，如果需要更换电子防盗标签，保险公司会收取30元成本费，车主可自行选择是否续保。

（2）理赔方式

一旦发生电动车盗窃案，由失主向公安部门报案，如受理后两个月内仍不能将失窃电动车追回，则失主可以向保险公司提出赔偿，保险公司根据购车年限，最高赔偿1080元，最低赔偿300元。

2.险种推行成效

第一，2017年年底，宁波市已经实现电动车智能防盗系统全覆盖。全市180余万辆电动自行车完成防盗电子标签的安装，一份保单保车主三年安心。根据《宁波市非机动车管理条例》，除了电动车防盗保险外，政府还鼓励非机动车车主购买第三方责任险、财产损失险和人身意外伤害险。电动车保险种类的多样化不但保障了非机动车主的驾车安全，还加强了交通部门对电动车行驶秩序的管理，提高了社会管理效率。

第二，物联网电动防盗系统协助警方破获盗窃案，降低了电动车被盗案件发生率。电动车防盗系统刚实施两个月就协助警方破获13起电动车偷盗案件。例如，奉化警方依托这一防盗系统在20分钟之内找回失窃的电动车并抓获犯罪嫌疑人。

第三节 保险创新赋能社会治理现代化
问题与对策

如前所述,宁波率先尝试保险创新参与社会治理,且富有成效,但也存在着职能界限不明、保险产品推广过程中群众参与热情不高、保险公司运行模式存在潜在风险以及相关立法和理论研究滞后等问题。为此,本节探讨了有助于提升保险参与市域社会治理能力的相关政策的建议。

一、保险赋能市域社会治理现代化的主要问题

(一)职能界限不明

第一,政府与保险公司职责界限不够明晰。如医疗责任保险,存在医调委与保险理赔中心两大主体关系定位不明确的问题。在现阶段,医疗纠纷责任的处置必须经过理赔中心对责任程度进行核定和赔偿金额的核算等环节,这种情况容易导致权责不清的问题。例如,原本属于医调委的内容却需要保险公司参与,而原本属于医疗保险理赔的内容却依然需要医调委加入。在这种情况下,若当事人对调解程序中的某些环节不满意,无法准确向某一部门予以申诉,这就必然会削弱调解机制的作用。

第二,部分险种在推广过程中存在业务主管部门协调不畅的情况。以电梯安全综合险为例,目前,电梯安全质量监管由市质监局负责,而物业管理的职能部门则是住建委,两大职能部门沟通协调成本较高,对电梯安全综合险的有序推广造成一定障碍。

(二)保险产品推广过程中群众参与热情不高

政府从保险公司购买服务并为公众提供社会治理保险,这反映了政府通过提供公共服务解决社会治理问题的决心,也是提高政府治理能力的重要途径。然而在实际运作中,人民群众的支持度却不高,其原因主要可以从以下三方面分析。

第一,保险产品宣传推广力度不够,群众保险意识不强。例如,在城镇居民住房综合险的监测过程中存在执行难的问题。第三方监测人员入户动态监测房屋安全、了解房屋安全变化情况、发现房屋安全隐患是一个较为重要的环节,但在实际操作过程中,住户对于入户监测存在抵触、不配合等情

况,甚至还存在违规装修不能被有效阻止的现象。

第二,由于保险产品推广过程存在管理漏洞,民众信任度不高。例如,电动车智能防盗系统在推广过程中,出现强制安装防盗设备、超标的电动车亦可进行防盗备案登记、收费主体不透明等现象,造成部分民众对该险种存在抵触心理。

第三,保险产品推广复制存在一定难度。例如,虽然食品安全责任险在鄞州、海曙等区的试点推广取得了较好成效,但是由于一些客观原因,例如跨区域协调困难,导致该保险产品未能在全市范围内普及。

(三)保险公司运行模式存在潜在风险

第一,目前保险公司承接政府购买的保险服务大多处在试点阶段,没有形成制度化和规范化的体系。运行模式过多依赖政府,尚未形成市场驱动的可持续盈利模式。目前,保险服务社会治理现代化的产品和服务主要由地方政府购买或者提供财政补贴,市场购买动力不足,暂时不能实现市场驱动的运营模式。保险公司在制定保费费率水平、衡量被保险人的风险高低时往往参考依据不足,难以准确厘定险种费率,存在精算风险。以巨灾保险为例,重大灾难事故发生后,第二年的保费可能会大幅上涨,使政府财政压力增加。相关配套商业盈利模式缺失,导致保险公司大多处在赚口碑而不赚钱的窘境。

第二,由于风险评估防控体系不够健全,在现实操作中极易发生道德风险。这种道德风险可能存在于理赔程序的启动过程中。例如,司法援助保险启动理赔的条件是法院穷尽一切手段发现被执行人无法提供财产进行执行。也就是说,保险公司是否启动理赔程序取决于法院的裁决,保险公司本身无法确切知晓法院是否真的尽力追查被执行人的财产,以及被执行人是否真的没有隐瞒财产情况。由于信息不对称,司法援助保险运行存在道德风险。此外,道德风险还与被保险人的风险防范意识相关联。例如,巨灾保险费用全部由政府支付,承保后增加了居民不作为的可能性,不利于居民防灾防损风险意识的提高。

(四)相关立法和理论研究滞后

目前,虽然宁波关于保险创新应用于社会治理的做法已经积累了经验,一些保险产品也从最开始的试点地区扩大到宁波全市范围,但是"保险+社会治理"模式的相关立法和保险理论依然存在滞后的现象。

第一，相关法律法规不够完善，存在滞后。无论是在国家层面还是在宁波市层面，很多法律都提到了保险机制，但是对于具体险种，则缺乏有针对性的法律依据。从目前来看，除针对医疗责任保险颁布、实施了地方性法规——《宁波市医疗纠纷预防与处置条例》，其余险种均采取行政手段推行，这就导致工作推进缺乏强制性、延续性，使得工作力度削弱，很多政策都没有得到充分落实。

第二，保险实践缺乏相关理论的支持。在推广安全生产责任保险的过程中，由于未能弄清安全生产责任保险与工伤保险、意外伤害保险等其他类似保险之间的关系，没有采取相应的配套措施，一些企业在保险实践中陷入误区。例如，投保人和被保险人的保险基础知识薄弱，误认为意外伤害险、雇主责任保险等同于安全生产责任保险，这就容易造成不必要的资源消耗，阻碍安全生产责任保险的顺利推广。

二、保险赋能市域社会治理现代化的对策建议

（一）明确政府职能，加大执行力度

当前关于保险创新服务社会治理的产品，主要由政府部门牵头推进。保险创新产品和项目的落地及推广离不开跨部门、跨区域的协调，然而其协调沟通成本在一定程度上制约了保险创新工作的推进和推广复制力度。由此产生的后果是主体的缺位与越位同时存在，制约保险创新服务社会治理的可持续发展。因此，在现有模式下，有必要明确各级政府的工作职责，完善政府的财政分配机制，建立由政府、保险中介机构和保险公司共同参与的保险创新产品供应机制，以形成在多主体合作下的供给模式，政府与保险组织机构各司其职，权责分明。此外，针对业务主管部门协调不畅的问题，可以考虑建立工作领导小组，指定牵头部门，以提高保险服务执行能力，进一步释放保险创新所带来的红利。

（二）加大宣传力度，推广保险创新机制

保险服务社会治理项目由政府部门牵头和政府财政支持，因此往往忽视市场导向，放松了宣传力度，致使大部分居民并未意识到这项保险保障的重要性。政府如何在项目执行和推广中扮演好角色、发挥市场在保险资源配置中的作用，深化供给侧结构性改革，已经是一个迫切需要解决的问题。

第一，政府部门可以利用媒体和社区的优势，加大保险创新产品的宣传

力度和广度,扩大受众面,使居民能了解保险,体验保险创新带来的红利,增强保险意识。

第二,提高居民的风险管理意识,日常生活中能注重风险的合理规避,尽可能降低风险发生的概率。

第三,在建立一套居民自愿投保、政府进行补贴的投保激励机制的同时,加大对政策落实的监管,不断增强居民防灾防损的风险管理意识以及对社会治理保险的信任,充分调动社会力量的参与热情。

(三)加强风险管控,提高运营能力

目前,我国开展保险服务社会治理项目的时间并不长,没有相应的数据积累,仅有的近几年试点数据并不能满足精算的需求,而现有的操作模式大多是各部门和保险公司协商的结果,关于险种的经营、相应的费率和计费因子的测算都需要建立在大量的统计数据基础上,这就对保险公司的风险管理和经营提出了新的要求。保险参与社会治理是保险公司主动承担企业社会责任的表现,但是保险公司作为盈利机构在履行社会责任的同时还需要兼顾自身的利益,需要尽快寻找新的营利点。保险公司对社会治理产品的推广和参与虽然不能获取较高的利润,但是能够提升保险公司的公共形象,提高投保人对保险公司的信任度和忠诚度。借助这种优势,保险公司可以在推广"保本微利"的社会治理保险产品、扩大自身社会影响力的同时,适当推广其他配套的服务和创新产品。同时,为了控制经营风险,保险公司在运作社会治理创新产品时还需注重成本的控制,采用多元化的手段缩减经营成本。例如,保险公司可以指定统一的售后理赔电话,针对同一受众面指定标准的产品,划定合理的责任范围,在确保服务质量的前提下,简化保险操作流程和手续,这一系列措施有助于保险创新产品实现标准化,提高经营效率,确保创新产品的可持续发展。

(四)完善法律体系,注重理论研究

尽管政府部门在发布招标公告时可以依据《中华人民共和国政府采购法》明确具体参与社会治理项目的保险公司,但是在招标结束后,保险公司在具体操作上却没有相应的法律法规作参考。监督程序的缺失不仅会抑制保险公司参与社会治理的积极性,也使得政府部门参与社会治理保险项目的程度、参与方式缺乏依据,容易造成政府部门越位或者缺位。因此,有必要完善有关政策法规,建立统一标准,为保险公司合理合法参与社会治理提供法律依据，为政府部门有效行使权利提供保障。此外，目前关于保险服务社会治理的实践大多处于初级阶段，以试点为主，相关的理论研究滞后。因此，需进一步加强保险领域的研究，为具体工作提供理论依据和支持。

（五）借助保险科技，提升保险创新和社会治理水平

随着计算机技术的快速发展和互联网技术的全球化发展，社会生产水平、生活方式有了质与量的飞跃，金融科技带来的红利辐射到保险行业的创新。

第一，保险科技深化供给侧结构性改革，推进行业创新和发展。大数据、物联网、人工智能、区块链技术等高新科技的发展不但改变着人们的生活习惯和生产方式，也推动着传统保险行业的变革，转型与发展已成为当今社会的主题。保险公司发展需要依托高新技术，完善保险服务方式和方法，提高经营效率，促进行业商业模式的创新。

第二，保险科技整合信息资源，提升行业风险管理水平。随着保险公司业务的多元化发展，风险管理已经是保险公司重要运营环节，众多不确定因素与公司业务和财务状况息息相关。保险科技的运营可以提升信息获取的深度和广度，整合多渠道数据进行多维度的分析，提升保险公司信息化能力，从而提高风险管控水平。

第三，保险科技深化服务效率，提升经营绩效。科技的创新驱动着企业服务转型升级，例如，借助大数据分析手段建立客户行为习惯数据，从而提供个体化的服务，优化与提升客户体验和服务满意度。

针对科技创新在保险领域的应用，宁波市鄞州区建立了"全国数字健康保险交易性示范平台"，该平台利用大数据、云计算、人工智能等技术，不仅能实现医疗保险部门、医疗机构和商业保险机构的数据信息共享，还可以简化医疗报销、数据提交和审计索赔等程序，提高办事效率。

（六）探索共享保险，助力社会发展

第一，以物联网为基础的共享经济为保险行业发展提供了条件。在共享经济快速发展的当下，社会生产方式、生活方式和思维方式都发生了转变，共享经济的商业模式打破了传统的劳动关系完全捆绑的形式。由于保险自身风险共担的本质，保险参与共享经济可以满足不同类型共享主体的保险需求。例如，共享汽车在运营过程中可以为乘车个体提供乘车保险以保障人身安全，为企业提供财产保险以保障财产安全和降低道德风险。

　　第二,保险共享平台的搭建有助于资源共享。保险公司通过共享平台的搭建和产品的创新,满足市场对资源共享的需求。例如,"太平粤港澳大湾区共享医疗保险"不但有助于实现地区间资源的整合,还能使粤港澳三地居民享受更优质的医疗服务和资源,促进三地医疗行业的进步和发展。

第七章 宁波保险创新完善
民生保障体系研究

随着我国政治体制和行政体制改革的深入,服务型政府已成为政府改革的主要目标。保险创新参与民生保障,是宁波保险创新推进保险型城市建设的重点任务之一。保险业利用其自身风险管理功能及保险机构的专业技术等优势,聚焦保险创新,以市场化机制参与社会民生保障工作,为降低我国民生保障的运行成本、提高服务效率、构建和谐社会做出了重大的贡献。本章抓住和关注社会发展中的痛点与盲区,以推动保险创新与社会经济的协同发展为目标,在分析宁波保险创新完善民生保障体系成效和案例的基础上,比较了发达国家保险创新完善民生保障的成功做法和经验,通过分析新常态下宁波老龄化现状、居民保险产品消费升级以及企业用工荒问题,揭示宁波提升民生保障水平促进经济发展的关键所在,并展望宁波保险创新完善民生保障体系的未来趋势。

第一节 宁波保险创新完善民生保障体系成效

宁波通过发挥保险创新改革"试验田""先行区"的作用,将保险创新作为提高政府服务民生保障水平的有效抓手,在化解社会治理矛盾、保障服务民生等方面取得明显成效,使保险成为宁波全面小康社会建设的重要支柱。本节主要从保险品种、服务质量、制度安排三个方面论述宁波保险创新完善民生保障体系的成效。

一、保险品种日益丰富

以保险创新为手段,为人民群众提供更多、更好、更全面的保障服务,提高满意度,是宁波保险创新参与民生保障的目标。宁波商业保险机构结合特殊群体保障需求,量身定制农村小额意外伤害保险、残疾人综合保险、独生子女家庭老人照护保险、外贸企业出境人员综合保险、流动人口综合保险、公务人员交通意外保险、医保卡余额健康保险等产品,这些产品的推出,均受到了参保人员的好评。这里重点介绍"税优健康险"。

健康保险是对个人健康或医疗机构的医疗行为导致顾客产生损害的保险,通常由商业保险公司承保。而税优健康险是指个人购买商业保险机构的健康保险,其费用可以不计入个人所得税税基。

2016 年 1 月,我国实施商业健康保险个人所得税政策,31 个试点城市中,宁波是浙江省唯一的首批试点城市。太保人寿、阳光人寿等 4 家保险机构开始销售相关保险产品。税优健康险优惠力度大,很多老百姓因此获得实惠,比如保险购买人可以获得每月 200 元、一年 2400 元的个人所得税减免额度。同时,税优健康险要求承保机构不以追求利润为目的,保险产品为老百姓提供高额度保障,允许带病投保,且保证续保。多家保险公司还根据不同的实际情况,对税优健康险进行了一些个性化创新,使产品更加有效地服务于消费者。例如用药范围方面,在当前 9000 多种药品目录中,社保内药品 2300 种,只占总数的 25.5%,而阳光人寿推出的"阳光人寿岁康保个人税收优惠型健康保险 A 款(万能型)"产品在用药上实行"负面清单",仅剔除了 237 种药,其余药品均可以报销,可报销药品占总数的 97.3%。另外,为了顾及保险公司的正常经营成本,允许商业保险公司对带病投保的投保人调低保额,但每年最低不能低于 4 万元,终身累计保额不得低于 15 万元。

作为一个兼具政策性、普惠性的商业保险产品,税优健康险从其产品的设计方面,为投保人带来许多实惠。通过税收政策支持,推进商业健康保险发展,有助于进一步提升人民群众健康保障水平,并使商业健康保险在构建居民多层次医疗保障体系中充分发挥其重要作用。

二、服务质量逐步优化

保险业是现代服务业,保险服务质量的不断优化,有着十分重要的现实意义。优良的保险服务,可为拓展与民生相关保险的深度和密度保驾护航,进而构筑广泛的民生保障网。宁波市是全国较早引入商业保险力量参与社会保障服务的地区之一,通过大病保险的"社保商办"模式,大大提升了社会保险的经办效率，优化了保险的服务质量。为了优化服务质量，宁波每年都有新的措施出台。

2014年9月，宁波正式实施城乡居民大病保险制度，平安养老、中国人寿、人保财险、太平洋人寿分别承办了市区、宁海县和象山县、慈溪市和奉化市、余姚市的大病保险业务。

2015年，在原有城乡居民大病保险基础上，新增格列卫、力比泰等15种特殊药品，并按照地理位置，由原有承办城乡居民大病保险的保险公司承办。

2016年，大病保险保障将戈谢病、渐冻症、苯丙酮尿症等3种罕见病纳入其范围，同时将职工医保参保人员和医疗统筹人员纳入这3种罕见病及15种特殊药品的保障范围，并均由承办大病保险的保险公司承办。

2017年，宁波在全市范围内实施城乡居民基本医保制度并轨，使得城乡居民享受与城镇居民一样的统一医保政策和大病保险政策，原新农合参保人员纳入城乡居民医保。

2018年，修美乐等28种特殊药品（包括2种罕见病特殊药品）纳入大病保险支付范围。

2019年8月，宁波市总工会与泰康养老保险股份有限公司共同打造"宁波职工普惠保险"项目，使得宁波市总工会职工普惠保险平台成为强有力的第三道健康保障体系。"宁波职工普惠保险"推出"线上推广＋线下服务"相结合的保险服务模式，将线上推广平台与线下服务平台进行结合，既压缩了销售成本又提高了服务质量，为全市工会会员打造了"价格实惠、服务便捷、覆盖广泛、政策支持"的"宁波职工普惠保险"品牌。

在此基础上，宁波随后在"甬工惠"App上推出了"普惠保险"和"健康保障"两个模块，具体内容见表7-1。

表7-1　"甬工惠"模块内容

序号	模块	提供产品
1	普惠保险	医保卡账户余额专属健康险产品、"健康有约"、"泰享健康"、"成长相伴"等商业保险产品
2	健康保障	电话问诊、名医讲堂、心理咨询、体检服务、"扶一把"公益产品

"宁波职工普惠保险"项目，是宁波市总工会与泰康公司合作，参与宁波

国家保险创新综合试验区建设的重要举措，也是工会借助金融保险工具在发挥组织优势与市场资源配置优势的基础上，有效保障工会会员身心健康的具体实践，宁波市职工必将享受到更加优惠、透明、高效的保险保障服务。

三、制度安排较为完善

作为一种市场化的风险管理机制和社会互助机制，保险与宁波经济社会发展的各个方面存在着密切联系。保险创新完善民生保障体系，涉及政府、保险公司、老百姓等多方利益，合理的制度安排至关重要。

（一）改革运行机制

宁波保险业参与社会保障体系建设，在医保领域引入商业保险，有利于建立"征、管、办"互相分离、互相制约的运行机制，实现政府管理职能转变，提高行政管理效率。其中，政府通过购买服务降低了行政管理成本，将工作重心转向医疗监督和管理，减轻了财政负担。保险公司参与社保体系建设可以综合利用各级保险机构现有的管理、理赔、服务力量和技术设备，利用遍布城乡的保险服务网络，节约大量的人力、物力成本。比如，目前保险公司经办宁海新农合的费用约为每年 75 万元，若该项业务由政府部门自行承办，据宁海人社部门预测，经营费用将接近每年 500 万元；中国人寿经办宁海城镇居民医疗保险，经办费用为每年 2 万元，后来政府接手自行承办，因业务需要增加了 4 名相关工作人员，仅人工成本每年就增加 20 万元以上。

（二）创新互保模式

农村保险互助社以村民互助共济为基本原则，利用相互保险中保险人与被保险人身份合一的特点，农民通过缴纳保费成为互助社社员，享受互助社提供的保险服务，形成了农民自主管理、低成本、高效率的农村基层保险新模式。同时，地方政府对农村保险互助试点也给予了财政支持，并承担最终风险处置责任。2011 年，慈溪成立了全国首家农村保险互助社，保险互助社试点工作在宁波铺开。到 2018 年，试点范围已经扩展到 9 个村，其中最早成立的慈溪市龙山镇农业保险互助联社，开始从村一级向镇一级升级的试点。

（三）实施政保合作

保险公司作为经营风险管理的专业机构，在精算、服务、风险管控等方面具有优势。保险公司在参与医保等项目的过程中，充分发挥专业优势，为参保群众提供便利、快捷、高效的服务，较好地解决了医疗费用补偿不及时、补偿范围不清楚等难点问题，取得了良好的社会反响。比如，宁海县城镇职工及居民医保零星报销一般需要 10～15 个工作日，而新农合及城乡大病保险零星报销一般不超过 5 个工作日，商业保险公司的结报效率远远高于政府部门。

保险公司在风险管控方面的专业优势使政府财政方面的风险和负担得以减轻，并能够有效地控制和转移风险。宁波在全国较早开展医疗责任保险试点，将医疗纠纷保险理赔与人民调解机制合二为一，这种有效的融合在发挥保险业补偿功能的同时，充分发挥其辅助功能，有利于医疗纠纷的调处。在参与基本医保经办工作外，2016 年阳光人寿开始经办市区建设工程项目工伤保险业务，2018 年泰康人寿承担了市区长期护理保险第三方机构评估与经办工作。

总之，宁波市对保险服务民生保障领域的探索，成效显著。商业保险通过持续的保险创新，使得保险品种日益丰富、服务质量逐步优化，加上制度安排也较为完善，最终不仅为政府减少了社会保险经办人员配置，节省了财政支出，也大大提升了社会保险的经办效率，获得群众认可。

第二节　宁波民生保障保险创新典型案例

上节概述了宁波保险创新完善民生保障体系的成效，本节重点介绍个人医疗账户余额购买商业保险、弱势群体保险、"甬惠保"商业补充医疗险等用于夯实宁波民生保障体系基础的三个案例。

一、个人医疗账户余额购买商业保险

为了有效地使用医保参保人员历年个人账户结余资金，使多层次的医疗保障体系更加完善，从 2018 年 1 月 31 日起，宁波市允许使用医保历年账户余额购买商业健康保险。凡在宁波市参保职工基本医疗保险的人员，可将本人历年个人账户余额用于购买商业健康保险。政策实施的当天，中国人保财险宁波市分公司顺利签发了该产品的首份保单。个人账户余额购买商业保险，在利用闲置资金的同时，可以把一部分风险转嫁给商业保险。这一典型案例，充分说明了宁波市作为国家保险创新综合试验区，一直致力于

不断创新保险产品,满足人民群众对保险的保障需求,并以保险创新完善医疗体系,从而改善民生。

具体实施过程中,有以下规则需要注意:

第一,购买后历年个账余额应保留在 4000 元以上。医保分为统筹账户和个人账户,统筹账户里的钱归属于集体,个人账户里的钱归属于本人。用医保卡余额购买商业保险,动用的是个人账户,因此个人账户里一定要有足够的余额。

第二,只能购买专属保险产品。医疗费用保障存在着一些盲区,尤其是对于医保范围之外的进口药、自费药,在治疗方面存在负担大的情况,容易引发因病致贫、因病返贫的现象。面对这样的痛点,宁波市人社局、金融办和宁波保监局共同推动,由宁波市保险行业协会牵头开发了两款专属保险产品的指导条款,使得专属保险产品与基本医保和大病保险无缝对接,作为政策补充,为市民提供更充分的医疗费用风险保障。

专属保险产品共有两款,分别是"宁波市医保账户指定重大疾病保险"和"宁波市医保账户指定住院医疗保险"。"宁波市医保账户指定重大疾病保险":被保险人在等待期后被确诊为罹患 25 种重大疾病中的一种或多种,并属首次发病的,提供专科医生的诊断书,按保险约定可获得 5 万元或 10 万元保险赔偿款。"宁波市医保账户指定住院医疗保险":被保险人在等待期后因疾病或因意外伤害在指定医院普通病房进行住院治疗所产生的合理医疗费用(包括个人自负、个人承担、个人自付及个人自费的住院医疗费用),除可以报销基本医保/公费医疗、大病保险外,还可在保险公司获得一定比例的费用补偿。补偿按保险时约定,分为 5 万元年度保额、10 万元终身保额和 10 万元年度保额、20 万元终身保额两类。

以上两款专属保险产品具有低保费、高保障、针对性强的特点。例如,宁波市医保账户指定重大疾病保险涵盖中国保险行业协会《重大疾病保险的疾病定义使用规范》中列明的 25 种疾病种类,能够满足大部分老百姓的需要。此外,产品还具有保障范围广的特点,例如:宁波市医保账户指定住院医疗保险不设起付线,无缝对接基本医保和大病保险;不设药品目录,被保险人因住院发生的个人自费医疗费用,均划入赔付范围;投保年龄广,出生 28 天至 60 周岁均可投保,如 55 周岁后继续投保的,最高可以投保至 80 周岁。

第三，通过家庭共济网实现个人账户全家共享。参加本市职工基本医疗保险且历年个人账户有结余的参保人员可将其家庭成员(父母、配偶及子女)设置为家庭共济网成员，先将所需资金从历年账户划转至共济账户，再由网内家庭成员使用共济账户资金进行购买。办理方式有两种：可以通过手机端"宁波(人社)医保通"App进行办理，也可以携本人及家庭成员居民身份证或社会保障卡，直接在社保(医保)经办机构服务大厅或就近的区县(市)、街道(乡镇)社保服务站内的自助服务设备上进行办理。

市民可携带本人身份证，在保险公司指定营业网点，通过柜台提交购买商业健康保险产品的申请。保险公司对申请人社会保障卡余额进行现场审核，通常几分钟即可完成。审核通过后，市民直接办理购买，保险公司确认资金划转成功后，保险合约即生效，目录中各险种的保险期均为1年。购买指定商业健康保险应刷本人社会保障卡(共济网内家庭成员使用共济账户资金购买保险时应刷家庭成员本人社会保障卡)。若参保人员历年个人账户余额不足以全额支付商业健康保险产品，可按相同价格全额自行出资购买。市民可在中国人寿宁波市分公司、人保财险宁波市分公司、太平洋人寿宁波分公司、平安养老宁波分公司和泰康人寿宁波分公司这5家机构的97个服务网点购买专属产品。为方便参保人就近购买商业保险，5家保险公司陆续增加了各地服务网点，目前服务网点已覆盖宁波各区县(市)。

二、弱势群体保险

通常意义下，社会弱势群体指低保、低保边缘人群、孤儿、困境儿童等，这部分人群在生活、学习、就业等各个方面应对风险的能力较弱。目前，宁波的弱势群体存在着规模较大、结构复杂、分布广泛的特点。因此，弱势群体补充保险在解决弱势群体的实际困难、引导全体社会成员共享改革成果方面具有相当大的社会效应。

宁波采用的"银行贷款＋保险公司担保"的扶贫小额保证保险贷款、引入的"人保支农专属资管产品"及险资直接融资支持等保险创新产品，都给予了低收入群体性价比较高的保险融资支持。近年来，宁波市政府在扶贫方面做了不少工作，例如宁波市政府出资3500万元为困难群众提供资金支持，撬动了小微企业和个人贷款100多亿元，使得财政资金的效用放大了300倍。宁波保险业在城乡小额贷款保证保险基础上，专门针对农村低收入群体开发"助农贷""扶贫贷"等系列子产品,支持农户增收。

人保财险鄞州支公司与鄞州区民政局共同推出了精准帮扶综合保险,其保费由财政全额出资,保险覆盖范围包括因自然灾害和意外事故造成的家庭财产损失、意外伤害损失等。具体而言,被保险人如遭受意外伤害身故或残疾的,保险公司将赔付最高 10 万元;如遭受火灾、自然灾害或盗抢并造成财产损失的,保险公司最高赔付 2 万元。

上述险种所需保费一般由财政出资,并鼓励社会公益资金参与,同时对新增弱势群体实施动态参保,填补了政策空档。截至 2019 年年底,已累计为全市近 37 万名残障人士、2 万户独生子女家庭、1.6 万余名困难群众、600多名孤儿和困境儿童提供了总额超过 10 亿元的保险保障。目前,残疾人补充医疗等险种已覆盖鄞州、余姚、镇海、慈溪、北仑、奉化等区县(市),通过实施普惠基础上的特惠政策,基本消除了残疾人等弱势群体因病致贫、因病返贫的现象。这种为贫困家庭提供"救助＋保险"综合保障的帮扶模式,在浙江省还是先例,既是保险自身在内容上的探索,也是对弱势群体的关爱。

三、"甬惠保"商业补充医疗险

2020 年 7 月 18 日,由宁波市人民政府金融工作办公室、宁波市大数据发展管理局、宁波市卫生健康委员会、宁波市经济和信息化局、宁波国家高新区管委会作为指导单位的宁波市民专属普惠型商业补充医疗险——宁波"甬惠保"正式发布。宁波市全体基本医保参保人,不限年龄、不限职业、不限健康状况,一年只需花 59 元,就能享受最高 100 万元的保险保障和 12 项健康服务[①]。

"甬惠保"是医疗大数据和医疗保险相结合的一项重大创新,是卫生健康领域一项重要的惠民利民工程。"甬惠保"打破了传统商业保险的年龄限制、差异化定价和既往症不可投保、不可理赔等惯例,让参保人看得起病、看得了病,还特别加入 12 项特色健康服务,帮助市民加强疾病预防和早期干预,降低重疾发生率,让参保人少得病、不得病,具有覆盖人群广、保费价格

---

① "甬惠保"为参保人提供的 12 项健康服务主要分为两大类:一是健康会员计划,包括风险测评、健康问问、视频医生年卡、专业患教、慢性药品配送、用药提醒、公益咨询等 7 项;二是重大疾病服务,包括定期随访、心理咨询、康复指南、特药配送、就医绿通服务等 5 项。

低、与居民健康管理紧密结合的特点，对于提升宁波居民健康保障水平，防范大病带来的致贫返贫具有非常积极的意义。

"甬惠保"价格定位为普惠式，每年保费59元即可拥有最高100万元的医疗保险保障和视频医生、健康问问、用药提醒、特药配送、定期随访等多项健康服务，保障范围也涵盖了医保范围内的住院医疗费用自付部分。但是，"甬惠保"并不构成对普通商业保险的直接冲击，主要原因有以下三点：第一，报销范围有限。"甬惠保"的覆盖范围为基本医保范围以内的医疗费用（包括自付医疗费用），没有覆盖医保范围以外的费用，而且必须在使用医保报销医疗费用之后才可使用"甬惠保"。第二，报销门槛较高。当医保范围内的自付费用超过2万元时，才能使用"甬惠保"报销。第三，不覆盖特定的高额药品。"甬惠保"仅覆盖医保范围内的医疗费用，不包括特定高额药品。

总之，"甬惠保"虽然保障额度高、价格便宜，并且保障范围广泛，但它始终定位于对医疗保险的补充，即"甬惠保"的推出不会对普通商业医疗险造成直接冲击，只是为了部分解决高额医疗费用问题，给宁波市民提供更全面的医疗保障，进一步夯实民生基础。

第三节　保险创新完善民生保障体系国际比较与经验借鉴

本节比较了美国、欧洲、日本等发达国家和地区在税优健康险、长期护理保险、养老保险的转移接续以及民生保障类专业保险机构等完善民生保障领域的保险创新和成功做法，旨在吸收和借鉴其成功经验，设计出与我国的国情相匹配的、能提高老百姓满意度和获得感的民生保障类创新产品。

一、税优健康险（德国、英国、新加坡、美国）

目前，世界上多个国家采用了不同模式的税优健康险，其中德国、英国、新加坡、美国的税优健康险最具代表性。

德国实行的社会保险型医疗保险，保险基金由政府、个人、雇主三方缴纳，实行现收现付制度；英国实行的是国家保障型医疗保险，全体公民享受免费医疗，其保险基金大部分来自税收；新加坡通过立法手段强制要求个人建立个人储蓄账户,结合政府补贴的方式形成独特的强制储蓄型模式,突出个人纵向累计支付医疗费用;美国是商业保险型,公民自己投保,保险价格市场运作,政府较少干预。表 7-2 展示了德国、英国、新加坡、美国的税优健康险的具体内容。

表 7-2　医疗保险模式对比

国家	模式	覆盖面	资金来源	支付方式	其他说明
德国	社会医疗保险模式	强制＋自愿	保险基金统筹	社会医疗保险机构集中支付	现收现付
英国	政府医疗保险模式	全国居民	国家财政拨款	政府集中支付	全部医疗免费
新加坡	储蓄医疗保险模式	全国居民	强制个人储蓄＋政府补贴	个人医疗保健储蓄账户存款支付	资金纵向积累,提供无差别医疗服务
美国	商业医疗保险模式	个人自愿	投保人缴纳的保险费	各保险机构分散支付	医疗保险机构相互竞争

资料来源:作者根据相关资料整理。

下面分别介绍德国与美国在不同医疗保险模式下的税优政策。

（一）德国社会医疗保险模式下的税优政策

社会医疗保险模式一般通过雇主和雇员共同缴纳社会保险费,社会保险经办机构成立医保基金,为参保人提供医疗保障和服务。目前,日本与法国采用和德国相同的模式。德国医保体系在《社会保险法典》基础上明确"法定医保为主,私人医保为辅"。自 2009 年起,医疗保险需要实现全民普及,针对经济困难的个例,将采取政府资助形式。保险费缴纳人群不包括参保人员的配偶及子女,但该群体仍享受医疗待遇。商业健康险的参保范围包含自由职业者、公职人员及高收入人群,该类人约占总人口的 10%。商业健康保险的参保人员能够享受到高于社会医疗保险的保障服务,其中包括但不限于要求专家诊疗、指定手术医师及独立病房。

作为企业,当其为雇员支付法定健康保险、商业健康保险以及强制长期护理保险,这部分费用算作雇员收入部分,属于公司的经营费用,因此无须缴税。而免税额度的上限则取决于法定健康保险和法定长期护理保险的义务。雇员/个人所购买的商业健康保险及长期护理保险若超过法定健康保险的,在一定程度上可以享受部分免税政策(其中雇员仅 1900 欧元,个人 2800 欧元)。

(二)美国商业医疗保险模式下的税优政策

美国的医疗保障是高度市场化的。对于残疾人、穷人和老人,美国为他们提供公共保险计划,而其他人的医疗保障仅能依靠市场来解决,其形式较为多元化。

1.团体健康险的税优政策

1943 年《行政税收法庭规则》进行了特别声明,使得商业健康保险与就业之间的联系因企业向保险公司所购买的商业健康保险保费无须纳税得到了强化。1954 年颁布的《税收法》也从法律层面对团体健康保险税优政策进行了明确说明:企业为员工缴纳的保费可以作为税前列支的费用,员工个人承担的保费同样作为税前列支,并交由企业代扣代缴,企业和员工的税收优惠均无额度限制。

2.高自付额的团体健康保险配套的税优政策

2004 年,美国实施了健康储蓄账户及高自付额保险计划,即参保人员为满足免赔额限制所要求的条件必须购买符合高自付额保险计划的一款产品,并且设定年度最高医疗费用所负担的上限。保险公司则按照 100% 的标准来赔付超出的费用。健康储蓄账户资金要求只可用于参加者及其家庭成员的自付医疗费用支出,其中包含免赔额、共同支付费用和政策允许的医疗支出,如果用于其他用途,则需补缴税款并需缴纳 20% 的罚款。对于当年所余金额可自动滚存至以后再使用。健康储蓄账户中结余资金可用于投资银行存款、基金、股票、债券等,投资收益也同样享受税优政策。如果健康储蓄账户所有者年满 65 岁或未满 65 岁残疾,则允许将账户资金(含投资收益)取出。

3.自由职业者购买商业健康保险的税优政策

1986 年《税收改革法案》规定,自由职业者购买健康保险保费,其中 25% 实行税前列支。在此之后,该比例进行了不断上调。2007 年之后,自由职业者可免税为自己和家人(包括配偶及其 27 岁以下的子女)购买健康保险和符合要求的长期护理保险,最高限额为税前收入。但如果自由职业者加入团体健康保险(例如其配偶所在企业提供的计划),则不可再享受免税优惠。

4.个人商业健康保险的税优政策

个人购买的健康保险保费,在当年度保费支出的基础上,加上其他医疗费用支出(包括疾病预防、诊断、治疗以及肢体功能恢复等方面的费用;就诊过程中产生的路费;符合指定条件长期护理服务的费用;符合指定条件长期护理保险的保费),超过个人调整后总收入7.5%的金额,在每年缴纳个税时,可将这部分金额作为税前列支。

二、长期护理保险(美国、德国、日本)

长期护理保险是针对某些群体生活不能自理、需要护理人员长期护理而产生的护理费用。目前,大部分发达国家都面临着人口老龄化问题,为了应对越来越严重的人口老龄化问题,很多国家都根据自身不同的实际情况,推出了形式各异的长期护理保险。这里以美国、德国和日本为案例,通过分析这三个国家的长期护理保险的产品设计与运行机制,探讨其成功之处与有待改进的地方,为宁波发展长期护理保险提供借鉴。

(一)美国的长期护理保险

近年来,美国需要一定程度长期护理的65岁以上的老龄人口约为人口总量的30%,而且很多需要较长的护理时间,具体需求情况见表7-3。

表7-3　美国长期护理时间需求占比

护理时间需求	2年以内	2～5年	超过5年
占比	3/5	1/5	1/5

资料来源:作者根据相关资料整理。

由于美国适龄人口生育率长期低迷,同时医疗科技水平逐年提高,医疗服务质量也随之不断优化,美国人口的平均寿命有待可能进一步提升。与之相适应,美国的医疗护理保险将迎来一个很大的发展空间。

美国的长期护理保险采用政府公共部门与民营机构联合运营的机制。这两个部门在运营机制上有较大的区别,详见表7-4。

表 7-4　美国长期护理保险运营机制

承办单位	服务对象	运营模式	支付方式
公共部门	低收入人群	政府部门鉴别确定为低收入后可享有	由 Medicaid 项目支付（美国联邦政府和各州政府共同出资）
民营保险公司	中等收入及以上人群	自愿参保的商业模式	费用较高，雇主替雇员购买为常见方式

资料来源：作者根据相关资料整理。

目前，美国的公共部门通过 Medicaid 项目承担了国内大部分的长期护理费用。但是随着美国社会人口老龄化的加速，继续实施 Medicaid 项目会显著增加政府的财政压力，如何协调好长期护理保险中公共部门与民营保险机构之间的关系，充分发挥各自不同的作用，是提供优质长期护理保险的关键。同时，如何激励专业医疗机构参与到长期护理服务的提供中来，提升护理的专业化水平，都是美国长期护理保险运行机制面临的重要问题。

（二）德国和日本的强制性购买模式

德国的长期护理保险始于 1995 年，而 2000 年日本开始实施全民长期护理保险计划，两国均有 20 余年的长期护理保险的运营历史。两国的共同特点是均采取类似社会保险的模式。

日本与德国长期护理险模式虽然类似，但在参保模式、参保范围、管理体制等方面有着不少区别，具体见表 7-5。

表 7-5　日本与德国长期护理保险模式对比

	德国	日本
参保模式	所有德国公民都必须参加长期护理保险。按照各自不同的收入水平，分别向公共疾病基金或者私营健康保险公司缴付保费。	凡 40 岁以上的公民必须参加长期护理保险，属于社会保险范畴。
参保范围	广覆盖原则：保障对象跟从医疗保险原则，为所有法定医疗保险的投保人。规定收入在法定医疗保险投保线以下的，必须参加法定长期护理保险；超过一定收入水平的高收入者可自由选择参加法定或私人长期护理保险。	针对性覆盖原则：以年龄和风险两个标准把参保对象分为两类，第一类参保人为 65 岁及以上的全体老年人，第二类参保人为 40～65 岁已加入医疗保险的准老年人。

续表

	德国	日本
管理体制	由联邦卫生部负责,依附现有的医疗保险制度管理体制,在公共疾病基金和私营健康保险公司等法定医疗保险机构中对应设立一个长期护理保险机构,专项负责长期护理保险费的征缴、给付及护理服务甄选等事宜。	公共行政部门逐级管理。劳动厚生省(一级部门)负责制度的框架规划和政策制定;都道府县(二级部门)负责经济支撑,保障护理服务设施和人员供给的资金来源;市町村(三级部门)为保险承保人,负责护理服务的提供、保费的征缴与管理等。
筹资方式	来源于保险费。1995 年,法定保费按照雇员工资收入的 1％征缴,由雇员和雇主对半负担;退休人员、个体自营者均由个人全部负担,失业者、救助者等特殊人群则由政府全部负担。多层次的缴费原则保障了高参保覆盖率。	由财政税收与参保人的保险费两部分组成。税收由各级财政分担,保险费则以参保人的保费基准额乘以相应收入等级比率,由地方政府从其退休金中直接扣缴;或者参保人的保险费基于工资基数乘以统一保险费率,由雇员和雇主对半负担,随医疗保险一起征缴。
给付方式	居家护理服务的给付方式分为现金、实物及二者混合三种形式。居家护理现金是给予亲属的津贴奖励。	采用实物给付原则,即提供相应的护理服务来满足护理需求者。

资料来源:作者根据相关资料整理。

显然,严格且高效率的审核是上述机制发挥作用的关键所在。日本与德国在重视审核机制方面基本一致,两国标准化的评审流程见图 7-1。

图 7-1　日本与德国长期护理险评审流程

两国的评审流程大致相同,但在评估机构和评估方式方面有所不同。日本是先由市町村(三级部门)派遣调查员进行初步调查,然后由都道府县(二级部门)中成立的认定委员会审核认定;而德国则是通过第三方机构——健康保险医事鉴定服务处(MDK)进行初步评估,然后由保险机构进行二次认定。另外,日本评估方式采用的是通过人们对结构式提问的回答来定性评价,而德国是针对不同分值段进行打分,总体采用量化方法进行评估。

特别值得关注的是,日本的长期护理保险制度旨在应对日本社会的严重老龄化现象,要求全体公民参保,试图为所有生活不能自理的老年人提供公共护理。目前，日本 65 岁以上老年人的长期护理保险覆盖率接近 100％。而德国是以法律的形式规定护理保险跟随医疗保险的原则，参加法定医疗保险的人即自动拥有护理保险。目前，德国的长期护理保险已覆盖全国人口的 90％左右。日本和德国采用社会保险模式推行长期护理保险，必须以完善的社会保障制度与雄厚的经济实力为基础。

三、养老保险的转移接续（欧盟、美国）

养老保险关系的转移接续是指劳动者在进行跨地区、跨体系的流动时，其养老保险关系也进行的相应转移。养老保险关系的转移接续涉及保费的转移、已缴费年限如何计算、相关待遇如何处置等一系列问题。新型城镇化建设的关键是实现成规模的人口城镇化转型，然而综观我国各地社会养老保险制度，其相互独立性已严重阻碍了以人为核心的城镇化建设进程。因此，我们专门梳理了与我国国情相类似国家的养老保险的转移接续模式，以供参考。

（一）欧盟各国间的养老保险转移接续

对于欧盟来说，并不存在单一、统一的社会保险体系，各成员国之间的养老保险制度存在相当大的差异性，在养老保险的缴费基准、待遇水平、最低缴费年限等方面均存在很大的不同。欧盟的一体化进程中伴随着跨国转移就业的频繁出现。劳动者经常跨国流动就业，经常因此导致养老保险待遇有所损失，这显然不利于欧盟劳动力市场的统一、开放。为了化解矛盾、协调利益，欧盟各成员国政府共同构建了包括养老保险在内的一体化社会保障制度。

欧盟各国间养老保险关系的转移接续首先遵循全面覆盖的原则，即保证劳动者至少会被欧盟中一个成员国的社会保障计划所覆盖。这个原则使得养老保险以及其他社会保险福利能够切实惠及每个劳动者，是整个社会的民生保障。根据有关法令规定，对于跨国流动就业的劳动者，可以只执行其中一个成员国的养老保险政策。在这种规定下，当劳动者在其中一个国家参加了养老保险，如果他被派往其他国家工作，预期工作时间不超过 12 个月，那么他的养老保险仍将执行其之前工作国家的社会保险政策。

在欧盟国家，养老保险关系转移接续的具体执行方式，可以概括为"分段记录、累计缴费年限、最后接管、按比例支付"。按照这种执行方式，劳动者的缴费年限应当进行连续累计。举例来说，德国规定养老保险累计缴费满 5 年方可享受养老保险待遇。某劳动者缴费记录共 10 年，其中 4 年在德国缴费，6 年在其他国家缴费，那么该劳动者就被认为达到了享受德国养老保险待遇 5 年的最低缴费年限。各成员国则按照劳动者在本国所完成的缴费年限对该劳动者的养老保险待遇进行分配，即劳动者所获得的养老保险待遇应为按照其工作期间在各成员国所完成的缴费年限分别计算出的养老金的总和，并且按照法律规定，对于跨国劳动者，其养老保险待遇不得低于同一时期一直在本国工作的劳动者的养老保险待遇。

养老保险关系转移接续工作可具体分为以下三个环节，具体操作流程见图 7-2。

图 7-2　欧盟养老保险关系转移接续的操作流程

该流程的关键之处在于，在核算认证后的养老金支付阶段，每个成员国都能按期、足额支付到申请人的银行账户，即"按时付款"。该模式实施以来，成功地解决了欧盟各国之间的养老保险跨国转移难题，成效显著。但由于涉及成员国数目众多，各国国情各异，现有的养老保险制度很难做到完全统一，目前仍然存在不少瓶颈，比如：各国的法定退休年龄各不相同，难以保证公平；汇率的波动影响养老金的实际购买能力；支付养老金所产生的跨国支付成本较高。

（二）美国雇员的养老保险转移接续

目前，宁波养老保险关系实现顺利转移接续的瓶颈在于城镇职工医保、城镇居民社会养老保险与新型农村社会养老保险之间进行转移接续。美国和欧盟不同，不存在跨区域养老保险关系转移接续问题，美国实施的是无身份与地域限制的人口流动管理，通过"社会保障号"将每个美国公民与其工作档案一一对应起来，形成"一人一号、终生不变"，而且该编号可以在养老、医疗等多方面统一使用。在此基础上形成一个全国性的个人信息系统，确保每个参保人个人信息实时更新,其工作的变更不会产生滞后信息,确保个人缴费和领取养老金时的正常运转。

但是,美国联邦公务员内部的养老保险制度并不统一,这种模式与宁波身份差异化的社会养老保险制度较为相似。目前,美国正逐步进行统一化调整,调整过程中采取所谓的"老人老办法、新人新办法"原则,实现社会养老保险与公务员养老保险的无缝对接,确保社会不同部门之间人员流动顺畅。比如,20世纪70年代以前,美国的养老保险制度可以概括为政府雇员与企业雇员双轨制,而且两种制度的转换衔接十分困难,雇员在政府与企业之间工作转换时,很难实现已付保险金额的等额相互抵扣。1984年,联邦政府通过公务员退休金抵消计划(CSRS Offset),逐步实现了政府雇员与企业雇员养老保险的无缝对接。

某种程度上说,美国成功地解决了公务员养老保险关系的转移难题,但仍然存在不少问题。比如:隐形成本巨大,大大增加了政府的财政负担,每当政府的财政收入减少时,转移接续制度都面临严峻的资金压力;某种情况下,新雇员可能参加了社会保险但未参加公务员养老计划,这将导致他已缴纳的社会保险数目归零。

根据以上对美国和欧盟的养老保险转移接续机制的经验分析,不难看出完善的社会保障法律体系是实现养老保险关系转移接续的重要基础;同时,明确权益计算规则可以平衡好不同区域的利益,使参保者在转移持续过程中免受地方利益博弈带来的损失。

四、民生保障类专业保险机构(美国)

美国拥有世界上最大、最发达的健康保险市场,其健康保险业务的规模远远大于人寿保险和生育保险。"9·11"事件导致美国巨额的居民财产与健康损失,其中保险公司就承担了500亿美元左右的赔偿金。相当数量的受伤人员和公司很快获得保险赔偿,这意味着美国保险业的运营效率还是比较高的。

美国政府重视保险市场组织形式的完善和竞争机制的形成,此外还鼓励在专业化分工基础上的混业经营。这些举措能够强化保险资金的管理与应用范围,充分发挥保险行业的各项市场功能。同时,在经济全球化大背景下,美国的保险市场还对国外特定的金融机构开放,目的是通过市场竞争压力刺激本土的保险机构提高科技水平，强化保险服务质量，增强市场竞争力。

美国在健康保险领域的高度发达，除了依靠政府的大力支持以外，也得益于市场主体发展充分，专业化程度高，以及"医保"合作。美国保险公司有650多家，市场主体众多，市场高度细分，根据组织形式可分为六类，即股份保险公司、互助保险公司、互惠交易组织、劳合社、蓝十字蓝盾医保组织和健康维护组织。寿险业经营企业以互助公司为主体，具体来说，互助公司的老板只是保单的持有人而非股东。一般来说，互助公司每年向其保单持有者付一次利息；互助公司的管理人员由全体保单持有人投票确定。近些年来，为了增强资金实力，不少互助公司纷纷改制为股份公司。特别值得一提的是，蓝十字蓝盾医保组织是非营利性的医疗健康保险提供机构，健康维护组织是低运营成本的健康保险机构。

激烈的市场竞争使得保险产品差异化成为必然，综合性的保险公司逐渐向专业化方向转型，健康保险成为很多公司业务的核心。健康保险与寿险、年金等分开，产品专业化特色非常鲜明，且范围非常宽泛，出现在牙科、眼科、体检、精神健康等细分健康领域。

管理型医疗为医院提供了增值服务。20世纪80年代末，美国健康保险经营模式就已经完成了从费用结算型向管理型医疗模式的转变。目前，传统的费用结算类型健康保险产品的市场占有率降至2%以下。管理型医疗模式即针对医疗机构提供的医疗服务，保险公司与医疗机构风险共担、利益共享，共同控制医疗费用的过度支出。在管理型医疗模式下，医院改变过去通过增加医疗费用来提高效益的途径，转变为专注于减少医疗费收入；保险公司将个人健康的管理与维护均划归健康保险服务范畴。医疗机构和保险公司之间的密切合作，专业医疗人员的加入，不仅提高了医疗资源的使用效率，而且加强了对医疗行为的控制，可以在一定程度上抑制医疗费用的上涨。

五、经验与启示

在美国、日本、德国等经济较为发达的国家，小到人们的日常生活，大到整体经济的可持续发展，都与保险业息息相关，几乎没有人能离得开保险公司。一旦发生突发事件或重大灾难，保险业将提供经济补偿，这是人们想到的第一道保障,可见保险业对社会稳定起着至关重要的作用。借鉴与学习他国成功经验,对于处于发展初级阶段的宁波保险业来说是第一要务。通过对上述案例的研究,我们得到以下几点启示。

(一)注重保险制度的法律保护与有效监督

长期护理保险涉及数量众多的生活自理困难的老年人。无论是采用志愿型商业保险模式还是强制型社会保险模式,都必须设立完善的法律防护墙。宁波老龄化趋势明显,老龄化社会将是宁波未来要面对的重大问题,对生活自理困难老人的护理是关系到民生保障的重要问题,必须以法律形式确定长期护理保险的覆盖范围、服务供给、具体服务产品、收费标准、从业人员资格考核、各保险相关主体的权利与义务等,只有这样才能保证长期护理保险的公平性,从而充分发挥其保障民生的功能。

目前,宁波还没有正式出台养老保险方面专门的法律法规文件。转移接续制度缺乏法律法规的保护,在执行中无法针对有违规行为的个人进行相应的处罚和规制。此外,缺乏完整的法律体系也导致了我国养老保险地方政策碎片化的现象。为了给养老保险关系转移接续提供制度保障,可以借鉴"欧盟社保法令",建立完善的社会保障法律体系,出台专门的养老保险法律文件。

维护保险市场秩序,不仅需要政府的宏观监管,更应该发挥行业自我管理、自我监管的自律作用。我们可以借鉴国外经验,成立相关协会,诸如保险协会,保险经纪人、代理人协会等。实行行业自治,尽快成立包括全国性和地区性外资保险公司在内的保险协会,简政放权,让保险业协会对保险条款、保险费率和市场竞争进行监督。这不仅可以提高监管成效,还能确保保险公司财务稳健,保证保险业务的声誉和规范,建立有序的保险市场竞争秩序。

(二)保障保险制度的长期资金来源

从美、德、日三国的长期护理保险制度实施来看,不管是社会保险模式还是商业保险模式,随着医疗水平的提高和长寿社会的到来,护理保险的资金来源都是一个难题。由于长期护理保险是长尾业务,资金的保值增值能力甚至比资金来源问题更为重要。德国的强制性长期护理保险实施以来运行稳定,资金来源充足。但是随着人口老龄化进程的推进,到 2030 年德国 60 岁以上的老人预计达到总人口的 35%,所以,为了缓解可能出现的财务负担,德国的管理当局希望被保险人能够为自己获得长期护理服务支付更多的保险费。德国长期护理保险现阶段的主要难题体现在以下三方面:如何提高长期护理保险的缴纳额,如何在确保看护产业健康有序发展的同时降低成本运营,如何提供更优质充分的看护服务。

宁波目前处于社会经济转型与人口老龄化提前到来之际,老年人日常生活护理以及社会服务方面的问题日趋严重。无论是政府还是个人,护理保险可支付能力都很有限,但是对护理服务的需求却极度膨胀,如何保障长期护理保险制度的资金来源显得尤为关键。

(三)依靠保险科技创新,重视保险人才培养

美国给每一个国民发行唯一的社会保障号码,这不仅在很大程度上节约了管理费用,而且为保险关系转移接续提供了技术支撑。我国也可以借鉴美国经验,建立唯一的养老保险"云中央数据库",进行养老保险集中化管理,将社会保障卡号码作为云中央数据库的个人用户的唯一账户号码,用户可以依靠社会保障卡号码随时跟踪年金保险。

保险公司则需要依靠现代保险科技加快产品创新,丰富产品内涵,体现个性化、差异化产品开发的目的。此外,保险公司应该根据不同地区特点和人们的偏好,开发适当的产品,以优质的服务开拓市场。

无论是进行保险商品的革新,还是跟踪世界保险业的发展趋势,抑或是为了参与国际竞争,保险行业都急需一批业务素质过硬的人才,这就对保险专业人才的培养提出了更高的要求。

(四)注重给付方式的多元化

参保人各自的情况千差万别,机构对参保人的个体需求应予以充分考虑。例如,德国居家护理的给付方式是对参与其护理的亲属的现金给付或津贴奖励,这种给付方式受到民众的青睐,促进了居家护理服务模式的推广。在日本,由于强制性护理保险制度在实施过程中暴露出一些问题,从2005年开始,日本政府着力促进长期护理服务供给的市场化运作。日本政府也考虑过给付方式变革方案,但基于日本的实际情况,并未做出大的调整。主要基于以下原因:一是对女性的保护,担心变革补贴方式会增加女性的护理责任,不利于女性外出工作;二是政府无法确保现金给付的使用情况,同时现金支付可能会压缩护理服务行业的生存空间。

宁波在长期护理保险制度的设计上应该采用多元化的给付方式。具体

来看，现有的社会养老机构提供的护理服务可继续采用服务型给付方式。而专业护理由精神病专科医院、各医院康复部门或社区康复中心提供服务；生活护理服务由经过专业培训的护理人员入户服务，这些护理费用可由保险公司统一现金支付。

护理保险经办机构还可以投资设立附属私营养老机构或者投资入股私营养老机构。私营养老机构可以通过收费的方式提供护理服务，经营利润作为护理保险机构资金运用的收益进一步充实到护理保险未到期责任准备金中。而被保险人获得私人养老保险机构提供的专业护理和一般护理时所发生的费用可以用费用型给付方式进行补偿。

（五）处理好户籍、人事关系的对接工作

欧盟各成员国的经济和社会发展水平各不相同，地区内部统一的养老保险制度还尚未确立，在这种情况下，欧盟各国注重协调，确保各国间的养老保险实现累计计算，便于最终计算退休金。当前，我国西部地区与东部沿海地区经济发展水平差异较大，各统筹区的养老保险机制也呈碎片化形式，在这点上欧盟的情况与我国非常相似。宁波目前养老保险接续难，阻碍了人才和劳动力的正常流动，是社会经济发展不协调的重要原因。因此，加快养老保险改革进程，进一步完善养老保险制度和环境，是当前亟须解决的一个重要问题。

美国过去的联邦公务员内部养老保险制度与企业雇员有所不同，存在转移接续困难，美国为了解决这一问题采用了循序渐进的过渡措施，在技术支持、基金保障、运营流程等方面都有很多经验值得宁波借鉴。

宁波现阶段存在两种养老保险制度：企业养老保险和机关事业单位养老保险。两种制度之间进行养老保险关系的转移接续时，在操作上容易出现复杂的情况。内部转移时只需要原保险投保人进行保险终止的手续，投保人凭其身份证和养老保险手册向新参保公司报告后，新保险加入机构不变更保险投保人的个人号码，而是去保险加入机构接续办理保险手续。但是，当投保人在机构与事业单位之间的养老保险关系转移时，则会手续繁杂，需要投保人获取新参保机构的接续函，然后回原参保机构开具"养老保险关系转移单"；新参保机构在收到该文件后，才能给投保人办理接续手续。

有些地区的企业向已经实行机关事业单位养老保险的地区转移时，转出地参保机构只转移个人账户金额而不转移统筹基金。投保人在转入地办理退休手续后,需要用当地的财政收入支持养老金的发放,从而导致转入地的财政压力超出其承受范围。因此,事业单位养老保险改革,不仅要改革在职工资和养老金结构,还要更加明确和细化养老保险的转移接续。

第四节　保险创新完善民生保障体系未来趋势

居民消费结构升级和城镇化进程是宁波经济发展的主要动力,同时人口老龄化以及企业"用工荒"等问题也制约着宁波社会经济的健康发展。只有借助保险创新,提升保险参与民生保障的能力,才能为宁波社会经济持续发展保驾护航。

一、健康养老保险需求的不断提高

据统计,宁波市现有人口总数达 820 万,其中 60 周岁以上老年人约 200 万,占全市总人口的 25.1%,且此比重还在不断上升。可见,宁波市已处于人口中度老龄化阶段,平均 4 人中就有 1 个老年人。另据统计,2018 年宁波市老年人数量较上年增加 6.2 万人,增幅 4.3%,人口老龄化比例较上年提高 0.8 百分点,预计到 2025 年,老龄人口将占到总人口的 1/3。

随着老年人口的加速增长,健康隐患也随之而来,失能、失智、独居老人也日益增多。同时,根据宁波市民政局资料,截止到 2019 年 6 月底,全市有护理型养老机构 78 家,护理型养老床位 35005 张,入住的生活不能自理的老人数量为 12967 人。显然,传统的家庭照护方式已经越来越难以延续,居民对长期护理社会化的需求急剧增加,商业长期护理保险也越来越受关注。

根据国外经验,长期护理保险的社会保险模式需要依凭成熟的社会保障制度和雄厚的地方经济实力。宁波可以采用分阶段的渐进模式进行长期护理保险创新。就近期而言,针对中等收入以上人群,主要参考美国商业保险模式;而对于低收入人群,可以借鉴目前宁波的弱势群体补充保险,保费由财政全额出资,采用社区居家护理模式运行,商业护理模式为其提供资金。就远期而言,当宁波拥有成熟的社会保障制度、雄厚的经济实力,加上丰富的临床数据积累、本地成熟的养护产业做支撑时,可以采用社会保险模式,全民皆保。这时保险公司可以利用其精算、服务、风险管控等方面的优势,与政府部门合作,充分发挥专业优势,为参保群众提供优质的长期护理保险服务。

二、居民收入水平提高推动长期寿险创新

改革开放至今,宁波居民的收入稳步增长,消费水平大幅度提高,消费结构也持续优化。据统计,宁波市居民人均生活消费支出在 2018 年达到32200 元,比上年增加 2884 元,同比增长 9.8%,高于 GDP 增速。宁波居民消费升级不断加码,对寿险产品需求也不断提高,且居民的寿险消费理念将会发生从追求数量到追求质量的转变。

参照美国经验,随着医美、体检、疫苗、口腔等特需医疗市场的旺盛,长期护理保险特别值得关注。个性化长期护理保险是基于社会强制保险的补充类保险,它提供精细化的保险服务。个性化长期保险市场的激烈竞争,使得保险产品的差异化竞争成为必然。为了更好地满足居民的保险需求,同时也为巩固寿险细分市场的力量,寿险产品的专业化创新将是必然趋势。

另外,个性化长期护理保险分为常规类护理险和提供高端服务的商业护理险。常规类护理险与政策性护理险的保障责任基本相同;高端商业护理险则与相应的医疗护理机构直接挂钩,根据患者自身情况,提供私人定制的护理保障服务,并且附带提供护理咨询、专家协助、护具提供、临终关怀等全方位的护理辅助。宁波医院目前缺少床位,老年人服务机构提供的服务主要是基本的住房服务,针对老年人的残疾护理服务较少,这些个性化的长期护理保险产品将是今后宁波保险创新的重点。

三、企业"用工荒"推动补充型医疗保险发展

随着我国人口红利的消失,企业"用工荒"问题开始困扰宁波的很多企业。新一代的员工除了对薪酬的要求外,也看重企业提供的生产生活环境。

从企业方面来看,员工福利的首选已然是购买商业健康险等补充医疗保险。为员工购买补充医疗保险产品,可以起到两个方面的作用:一是满足员工日益增长的健康保障需求,降低企业用工风险。二是企业在购买辅助医疗产品时,经常会选择打包好的产品,以方便根据员工的不同级别来进行保险产品的分配。尤其是对于企业高管,企业更倾向于购买各种档次的高端医疗补充保险。这是一种常见的激励形式。不论是对于企业还是其员

工,能够提供多样化的组合保险产品以及提供优质、专业的理赔服务,显然已经成为他们选择补充医疗保险产品或机构的首要条件。鉴于补充医疗保险对企业的诸多益处,它很有可能在今后成为宁波企业的刚需。

同时,养老保险关系的顺利转移接续,也是企业吸引员工的一个重要砝码。宁波可以参照欧盟各国间的养老保险转移接续经验,明确权益计算方法,平衡区域利益,使员工在转移接续过程中免受地方利益博弈所带来的损失。

另外,企业年金补充业务可以作为企业年金的一种补充福利出售,将长期护理纳入企业年金中,并以福利支出的形式进行筹资,成立长期护理保险基金,以满足员工老龄化背景下的护理需求。

第八章　宁波保险创新指标体系构建研究

近几年来,宁波着眼于解决城市发展难点与痛点,坚持问题导向,致力于更好发挥保险在民生保障、社会治理、经济发展等领域中的功能作用,主动作为,大胆探索。"宁波经验""宁波样本"获得了广泛的认可和借鉴,宁波的保险产品和服务创新走在全国前列。

保险创新评价既是保险创新要素优化配置的基础,也是保险供给侧改革的"指挥棒",它不仅关系到宁波国家保险创新综合试验区的科学决策,而且关系到其实践经验的复制推广。由于宁波保险创新时间相对较短,相关数据积累还处于初级阶段,因此本章以保险创新评价与提升策略为主旨,在介绍创新政策评价理论与方法的基础上,提出宁波保险创新评价指标体系构建方案,并给出相关政策建议。

第一节　创新政策评价理论与方法

一、创新政策评价理论

(一)创新政策概念的内涵

基于本书第一章对创新与保险创新的界定,我们发现创新政策作为创新领域备受重视与青睐的研究课题,其概念还需要进一步的归纳和总结,目前学术界尚未达成共识。当然,即便众多学者从各自的角度表达了对创新政策的看法与认识,但是在如下方面却形成了一致意见,即创新政策的落脚点在于经济的整体发展绩效,它主要倾向于鼓励与支持各市场主体积极创新,不断缩短创新产生时间,扩大创新成果的扩散范围,尽可能地提高创新收益。

相应地,保险创新政策可以被定义为推动保险创新的所有政策和措施,通过上述政策可以确保投入要素配置变革,实现保险服务的最优化供给,并产生良好的社会效益与经济效益。结合我国保险业发展历程,保险创新政策主要集中于针对保险产品、保险服务、保险机制等方面的支持、引导和监管政策。[①]

(二)创新政策的理论基础

1.创新的生命周期理论

结合前人的研究成果来看,熊彼特等众多经济学者普遍认为技术创新具有周期性,表现为 S 曲线。另外,从创新的内容来看,技术创新具体可分为两大类:其一,产品创新,如根据市场需求着手开展的新产品研发,或者在原有产品的基础上进行创造性改良,以提升其性能;其二,工艺创新,如生产技术的更新迭代、新设计理念、新工艺设备等。产品生命周期理论认为,任何产品均存在从发展到衰退的生命过程,而在此过程中,随着时间的推移,该产品的销售额也将呈周期性的变化趋势。美国学者舒尔茨在其专著《论人力资本投资》中表达了如下观点:创新扩散从本质而言就是基于一定渠道,将创新成果传播出去的过程。同时他还强调,如果缺乏扩散这一环节,创新就无法实现市场化转化,无法产生经济效益。[②]

2.创新扩散理论

该理论认为,创新能够创造更多的经济价值,能节约劳动力和资本,能提高产品性能而拓展新市场,因此其往往会在创新者及其周围空间形成"位势差",从而造成时空范围内的失衡,此时则会出现创新扩散现象,由此达到新的平衡;另一种情况是,周围地区为消除差异而进行学习、模仿和借鉴。创新扩散往往出现于企业间、地区间等,经常通过技术转让、信息交流等方式实现。

3.创新梯度布局理论

该理论主张不同地区所拥有的优势资源迥异,因此为了确保资源高效利用,可基于梯度布局理论,科学合理地配置各地区资源,最大限度地提升创新产业链的价值。在不同地区,创新价值链所开展的各类价值活动所创造出的创新能级有所区别,按照由高到低的顺序可划分为三大类,分别是:

———————————

①　丁孜山,丁蔚.保险发展与创新[M].上海:复旦大学出版社,2006.

②　舒尔茨.论人力资本投资[M].吴珠华,等译.北京:北京经济学院出版社,1990.

技术水平高、创新能力强等组织机构集聚的知识创新区，如高校、科研院所等；创新优势相对显著的组织机构聚集的技术创新区，如科创企业、高新技术企业等；创新水平较低的低端生产制造区。

4.企业家密度理论

1934年，熊彼特在其研究报告中指出：企业家是产品研发与服务创新的核心。随后，不少学者基于这一观点，提出了企业家密度等理论，并着力于探讨与分析其与经济增长之间的关系。有学者指出，出台基于增加企业家密度的政策，其核心内容主要是：对发展潜力大的创新者提供资金、人才、技术等方面的支持，以提高创新产出；或者通过宣传等手段，营造创新的良好社会氛围；或者通过一定的经济政策，创造良性竞争、和谐有序的经济环境。产品生命周期理论认为，在产品初期发展阶段，必须拥有一定数量的科创企业和能力突出的企业家。增加企业家密度的政策与产品生命周期理论是一致的。

上述理论在一定程度上为创新政策奠定了理论基础，同时也为创新政策明确发展目标、科学执行政策方案提供了强有力的支持。不仅如此，上述创新理论同样对创新政策实践起到了至关重要的指导作用，要求相关者在落实与推进创新政策时，必须着眼于"系统失灵"等一系列问题，必须引导与支持各市场主体协同参与，必须突出与发挥政策的激励与导向作用。

二、创新政策评价方法

从应用实际来看，目前较为普及的创新政策评价方法主要包括定性和定量两类。与此同时，从现有的研究成果来看，我国学者倾向于利用实证分析、规范研究等手段，对创新政策的有效性等做出科学评价。其中实证分析中应用较广泛的有统计分析、计量模型等。本章拟采用定性和定量相结合的评价方法，对创新政策进行评价。

（一）创新政策评价过程

创新政策评价主要囊括政策制定、落实情况、最终结果等要素，涉及面较为广泛。有学者认为，创新政策评价主要是倾向于全过程评价；也有学者提出了不同的观点，认为应着重于评价与衡量创新政策在贯彻执行过程中的检查、分析等。① 广义视角下的创新政策评价主要分为事前、事中和事后三个流程;而狭义视角下则更侧重于事后评价,重视创新政策的执行效果。以下主要介绍创新政策评价的三个过程。

1. 事前评价

事前评价主要是借助经济学理论和相关评价模型,对创新政策的制定、规划情况做出理性分析,判断政策的可行性及其在实施过程中可能存在的风险。主要包括对比分析不同创新政策方案的效益与可行性,判断与探究它们的优缺点,为后续方案的选择与实施奠定基础。

2. 事中评价

事中评价主要是基于相关的评价原则,对创新政策执行过程中的各项表现及资源配置情况做出科学评价。创新政策中期评价存在于政策的制定及实施的全过程。相较于其他评价环节而言,事中评价能够帮助制定者更好地了解政策的执行效果,更准确地分析政策的不足,但必须说明的是它也存在耗时长、成本高、难度大等问题。

3. 事后评价

事后评价主要是评价与分析创新政策落实情况及其实施效果,是目前创新政策评价中的关键环节。当前,在事后评价领域表现较为突出、成果较为显著的当数经济合作与发展组织(OECD)和欧盟。OECD 认为,在技术创新领域创新政策占据着重要地位,因此对其展开评价是大势所趋;OECD 同时强调,科学合理的创新政策评价能够更清晰直观地了解一国的创新绩效,掌握创新政策与经济绩效的关系,帮助政府更科学地分析创新政策是否与区域发展相适应。欧盟所制定的创新政策评价体系更侧重于从基础设施建设、科技实力、人力资源水平、政府管理等方面着手,判断与分析创新政策的有效性及其实施结果,以期为后续创新政策的优化、创新策略的制定提供科学依据。②

综上可见,事后评价是当前创新政策评价体系的核心,也是使用率最高的评价类型。创新政策事后评价主要是判断与探讨政策的实施效果,分析

---

① Rossi F, Russo M. Innovation policy: Levels and levers[C]//Lane D, et al. Complexity Perspectives in Innovation and Social Change, Berlin: Springer, 2009:311-327.

② 黄灿.欧盟和中国创新政策比较研究[J].科学学研究,2004(2):212-217.

政策执行后目标的完成程度，衡量创新政策是否取得预期成效。我们认为，创新政策事后评价实践性强，可以从创新绩效结果和内容多层面着手，更全面、深入地评价创新政策。

（二）创新政策评价维度

目前应用较为广泛的是事后评价，倾向于从创新成果产出等方面对创新政策做出科学评价。另外，从既往的研究成果来看，创新政策评价维度包括政策执行力度、协同度、完善性等。对此，本章在借鉴与参考前人评价维度的基础上，侧重于从政策强度、完善度、协同度三个层面展开评价分析。

1.创新政策强度

政策强度主要是指政府对政策的规制程度。[①] 基于这一概念，可知创新政策强度主要是指政府职能部门对不同行业创新政策的干预程度和执行力度。有学者表示，技术创新政策力度实质上客观反映了政策的相对重要性，并认为能够从政府行政机关组织结构、政策类型等角度评价创新政策力度，同时设计了相应的技术创新政策力度量表，得出了如下研究结论：科技管理部门在推进与实施创新政策时，必须与行政资源等其他部门相配合、相协同。从本质上而言，创新政策力度主要体现了政策的法律效力、强制性及其执行效力。当然，本章认为除了上述创新政策力度外，还应囊括创新政策内容主体的有效性。因此，在对创新政策强度进行评价时，应既衡量政府相关部门的层级结构和政策的法律与执行效力，又评价与分析创新政策内容主体的有效性。

2.创新政策完善度

创新政策完善度主要是指政策涉及领域的全面性和广泛性。从实际情况来看，创新政策涉及领域越广泛，意味着政策完善度越高。高峰对比分析了天津、北京、上海等五个城市科技创新政策，认为如果一个城市的创新政策条例在所有城市创新政策总条例数量中的占比越高，则表示其完善度越高。他将所研究的城市创新政策条例整合起来，通过研究分析单个城市创新政策条款数量占比，评价与分析其完善度。[②] 本章参考高峰的研究，认为

---

① Tanguay G A, Lanoie P, Moreau J, et al. Environmental policy, public interest and political market[J]. Public Choice, 2004(1):1-27.

② 高峰.基于政策指数的科技政策实证研究[J].科技进步与对策,2013(19):105-108.

创新政策完善度主要是指政策内容主体数量占该创新政策最多可包含的政策内容主体数量的比重。同时,为了能够更科学全面地掌握创新政策完善度,本章拟从供给导向型、需求导向型、环境支持型三类创新政策着手,对其展开评价分析。根据前面所归纳的创新政策完善度概念,可以了解到"供给导向型创新政策完善度"是指该项供给导向创新政策包含的政策内容主体数量占其最多可包含的政策内容主体数量的比重;"需求导向型创新政策完善度"是指该项需求导向创新政策包含的政策内容主体数量占其最多可包含的政策内容主体数量的比重;"环境支持型导向政策完善度"是指该项环境支持创新政策包含的政策内容主体数量占其最多所包含的政策内容主体数量的比重。

3.创新政策协同度

1971 年,德国学者哈克(H. Hake)在其研究报告中创造性地提出了协同理论,认为它是系统中各要素协调配合、互动,共同作用于系统,使之高效有序运行的一种行为,能够创造出"1+1>2"的协同效应。[①] 而这也引发了人们对系统协同问题的重视。如有学者表示基础研究等科技型政策和税收等政策的协同配合与有效衔接,能够显著强化国家的创新能力,有利于促进国家科研成果产出。还有学者以中国 1980—2008 年的创新政策作为研究样本,选取了联合颁布政策比例等评价指标,客观深入探讨了各政府部门的协同度,发现中国创新政策主体正呈现出一体化、紧密化的趋势,而且各部门间的合作性与协调性也显著提高。[②] 本章所研究的创新政策协同度,主要是强调不同类型政策的衔接情况与配合度。根据既往的研究可知,如果各政策之间形成了互补关系,彼此之间配合度高,协同性强,则更有利于促进创新政策目标的实现。因此本章侧重于了解与评价供给导向型、需求导向型、环境支持型三类创新政策两两之间的协同度,以此从整体的角度评价与探究创新政策的协同度,最终预测目标实现的可能性。

(三)创新政策评价总结

综上所述,定性评价和定量评价是目前应用较为广泛的创新政策评价

① 郑佳.中国基本公共服务均等化政策协同研究[D].长春:吉林大学,2010.

② 孙玉涛,曹聪.战略情景转变下中国创新政策主体合作结构演进实证[J].研究与发展管理,2012(4):93-102.

方法。也有学者通过统计分析、结构方程等实证研究法衡量与评价创新政策强度及其有效性等。本章拟采用综合评价方法对创新政策进行评价。综合评价是一项囊括诸多要素的复杂工程,是揭示事物发展规律及其发展现状的重要工具。[①] 经过多年研究和实践,综合评价理论逐步获得学界认可,不仅在社会经济发展宏观层面,也在质量控制、企业管理、产品研发等微观层面得到了广泛应用。

目前,针对保险业的综合评价主要集中于保险公司经营绩效的比较研究,其基本思路为通过建立统计指标体系,应用层次分析(AHP)、因子分析、数据包络分析(DEA)等评价方法,获得评价结果。不过国内对保险创新评价的研究还处于探索阶段,在"百度学术"中严格检索"保险创新评价"尚无对应文献,因此保险创新评价的研究具有一定的原创性和开拓性。

根据现有的文献资料,保险创新评价主要涉及如下环节:明确评价目标及其基本原则;建构科学合理的评价指标体系;明确各指标权重;处理数据样本;收集与集成评价信息;评价结果运用与反馈。

在现有条件下,考虑到保险创新统计体系还远未建立,因此从短期来看,应当围绕评价目标,遵循相应的评价原则,运用层次分析法明确各指标权重,同时利用有限数据进行试验性测算,进一步修正评价指标体系。从长期看,应逐步建立适用全国的保险创新统计体系,确保数据的真实有效,保证评价结果可以进行比较研究。

第二节 宁波保险创新评价指标体系构建

一、保险创新评价指标体系构建的目的和原则

(一)构建目的

保险创新评价对于制定、优化调整与完善保险创新政策至关重要,是衡量与评价政策价值及其实施有效性的关键,更是推动保险行业创新发展的关键手段。目前,大多数学者倾向于从绩效指标着手设计与建构创新评价

指标体系,而极少考虑创新政策内容主体指标。绩效指标只能够客观地呈现创新政策的落实情况,所得出的评价结果较为片面,无法为后续政策的制定、调整提供科学指导。对此,本章在绩效指标的基础上,引入创新政策内容主体,构建保险创新评价指标体系,以期更全面、客观地了解该政策的不足。具体而言,保险创新评价指标体系构建的目的如下:

1. 保险创新评价可以成为保险供给侧改革的"指挥棒"

保险创新的直接产出表现在丰富多元的保险产品服务供给。目前,宁波已有的保险产品服务创新达百余项,应用于民生保障、社会治理、经济发展等多个方面,因此十分有必要借助保险创新评价对上述保险创新进行梳理总结,对保险创新的薄弱领域加强引导,深化保险供给侧改革。保险创新评价是保险创新要素优化配置的基础。保险创新的实质就是保险投入要素的重新组合优化,保险创新统计与评价可以帮助宁波国家保险创新综合试验区摸清家底,了解自身长处、正视短板,科学评判保险创新能力,同时也能为保险创新要素实现最优配置提供可靠的评价支撑。

2. 保险创新统计与评价为顶层设计提供政策依据

在保险创新的顶层设计中要充分考虑和发挥保险体制创新与保险产品服务创新之间的相互推动作用,产品服务创新导致保险体制变革,保险体制创新又能进一步激发产品服务创新。通过保险创新统计与评价可以定量评价各类创新之间的相互推动作用,确保顶层设计的及时有效。保险创新统计与评价能够科学展示宁波国家保险创新综合试验区建设的推广复制能级。宁波国家保险创新综合试验区建设中要强调保险创新经验的可推广、可复制,通过保险创新统计与评价可以及时获得重要数据,客观总结经验,对宁波国家保险创新综合试验区实现国家赋予的职能定位具有重要作用。

总之,本章拟构建合理、有效的保险创新评价指标体系,希望能够在宁波国家保险创新综合试验区应用基础上,为政策制定者提供一定的指导。

(二)构建原则

1. 科学性原则

评价指标的选取,应以相应的理论为指导,要严格遵循保险行业创新发展规律,从投入、产出、带动三个维度着手,通过多指标的筛选与合成,客观准确反映保险创新发展现状,揭示保险创新的时间差异和地区差异及其原因,梳理保险创新已有成功经验,总结不足,为今后政策制定提供理论依据。

2.可操作性原则

任何指标体系如果无法经受住实践的考验或者根本无法应用于具体实践中，那么其就是无效的。对此，在建构保险创新政策评价指标体系时应当充分遵循可操作性原则：一方面，要从成本可行性的角度出发，尽可能用最少的评价指标最全面地反映创新政策总体状况；另一方面，要从技术可行性的角度出发，尽可能确保所选取的指标数据易获得。

3.导向性原则

评价指标体系是为后续的优化工作服务的，其主要是为了体现保险创新水平。因此在选择指标时还要体现现代服务业的发展趋势，要保证指标的选取和权重设置具有政策导向性。

二、保险创新评价指标体系评价思路

结合保险创新的界定和经济效应分析，本章从"投入—产出—带动"三个维度设计保险创新评价的基本思路。

（一）保险创新的投入

按照经济学原理，保险创新的要素投入主要包括市场体系、人才资源、经费、理论支撑等，这些要素的整合和优化构成了保险的创新能力。

（二）保险创新的产出

保险创新的产出主要包括两个层面：一是直接产出，即保险产品和保险服务的丰富完善；二是行业溢出性产出，即保险创新在履行损失补偿等保险职能过程中所带来的行业发展，主要表现在业务增长、保险保障水平提升等方面。

（三）保险创新的带动

保险创新的带动是对其社会效益的综合性评价，主要分为三个方面：一是保险资金对社会经济的支持作用；二是保险全产业链发展所形成的规模经济效应；三是保险创新在社会经济发展过程中的推广复制水平。

上述思路是一个递进式的评价体系，保险创新投入反映的是条件和基础，保险创新产出反映的是行业自身创新水平，而保险创新带动则更关注保险创新对社会经济整体发展的引导和推动作用。从这三个方面可以对保险创新进行较为全面的评估和比较。

三、保险创新评价指标体系构建

按照"投入—产出—带动"三个维度开展保险创新统计与评价,需要结合保险市场的实际情况设计一系列具体的指标进行衡量。在"投入"维度,不但要考虑保险创新的实际人力、物力投入水平,还要考虑保险创新的市场格局、智力资源等基础性条件,实质上是对创新能力素质的评估,因此用"创新能力"比"创新投入"表述更为准确。在"产出"和"带动"两个维度,则可直接衍生出"创新产出"和"创新带动"两个指标大类。同时,考虑到各类指标重要性程度的差别,我们将所有指标分为核心指标和参考备用指标,其中核心指标将全部用于宁波保险创新发展指数(由创新能力指数、创新产出指数、创新带动指数加总而成)的计算,参考备用指标则是对核心指标的补充,有助于多层次、多侧面、立体化反映保险创新成效,在创新综合评估报告中不可或缺。而且,当某些核心指标数据不可获得时,也可酌情筛选较为适当的参考备用指标进行替代。为确保实际可操作性,在设计统计报表时,除部分指向明确或约定俗成的指标外,一般都要列明指标的具体定义,给出计算公式,指定数据提供单位。

（一）创新能力

创新能力由市场体系、人才资源、经费投入、理论研究 4 个类别 40 个指标构成,其中核心指标 17 个,参考备用指标 23 个,旨在全面评价宁波保险创新的市场格局、智力资源及实际物力投入水平等基础性条件。具体指标如表 8-1 所示。

1. 市场体系

市场体系的核心指标有保险法人机构数、市级保险分支机构数、保险专业中介机构数、保险区域性总部或功能性总部机构数、驻甬保险法人机构数占全国比重等 5 个,从多个角度和层面反映宁波的保险市场体系完善情况。参考备用指标 7 个,大部分是对相关机构类别的细分,但也设了"行业新型合作组织个数"这个新的指标,以适应行业发展新的形势。

2. 人才资源

人才资源的核心指标有 6 个,其中从业人员数是一项基础性人力指标,研发人员数、中高级职称人数、本科及以上学历人数、研发人员数占从业人员比重是反映行业创新能力的核心指标,在校金融专业学生数则是反映创新后备力量的指标。参考备用指标 4 个,主要是对相关核心指标作进一步细化,但也新设了"经济金融类专业职工人数"这一反映保险业职工专业结构的指标。

3. 经费投入

经费投入的核心指标 4 项,反映宁波保险创新的物力投入,其中保险机构创新经费、创新经费占保费收入比重反映的是保险行业内部的创新经费投入情况;财政扶持创新投入、财政扶持创新投入占总财政支出比重反映的是政府对保险创新的经费投入情况。参考备用指标 8 项,进一步细化创新经费的用途和来源。

4. 理论研究

理论研究设研究论文及调研报告篇数、与保险有关的重要交流研讨活动场数 2 项核心指标,用于反映宁波保险创新的理论基础构建水平和学术交流活动活跃程度。参考备用指标 4 项,都是对核心指标的细化。

表 8-1　保险创新能力指标体系

分类		指标
市场体系	核心指标	保险法人机构数
		市级保险分支机构数
		保险专业中介机构数
		保险区域性总部或功能性总部机构数
		驻甬保险法人机构数占全国比重
	参考备用指标	专业型、特色型保险法人机构数
		保险服务网点总数
		保险专业中介法人机构数
		保险经纪机构数
		保险公估机构数
		保险专业代理机构数
		行业新型合作组织个数

续表

分类		指标
人才资源	核心指标	从业人员数
		研发人员数
		中高级职称人数
		本科及以上学历人数
		在校金融专业学生数
		研发人员数占从业人员比重
	参考备用指标	硕士学历人数
		博士学历人数
		在校保险专业学生数
		经济金融类专业职工人数
经费投入	核心指标	保险机构创新经费
		创新经费占保费收入比重
		财政扶持保险创新投入
		财政扶持保险创新投入占总财政支出比重
	参考备用指标	创新项目研发经费
		保险机构创新奖励支出
		中央财政扶持创新投入
		省级财政扶持创新投入
		市级财政扶持创新投入
		县级及以下财政扶持创新投入
		各级财政扶持保险业创新与发展总金额
		各级财政奖励保险创新支出
理论研究	核心指标	研究论文及调研报告篇数
		与保险有关的重要研讨交流活动场次
	参考备用指标	公开发表研究论文及调研报告篇数
		获奖研究论文及调研报告篇数
		全国性保险研讨交流活动场次
		与保险有关的重要研讨交流活动参与人次

(二)创新产出

创新产出由产品创新、服务创新、业务增长、保障功能、财政绩效 5 个类别 35 个指标构成,其中核心指标 19 个(包括分项),参备用指标 15 个,旨在全面评价宁波保险创新的直接产出。保险创新既能催生新的保险产品和服务模式,拓宽保险服务领域,提升保险服务水平,也能拉动保险业务的增长和保险保障功能的提升,并且可以更好发挥财政资金的杠杆效应,因此我们将上述类别的指标均列为创新产出的分项指标。具体指标如表 8-2 所示。

1.产品创新

产品创新是保险创新的核心成果,与保险服务领域的拓宽直接相关,其核心指标下设项目数、保费、保额、赔付 4 个维度,反映产品创新的总体情况,考虑到政保合作项目是政府特别关注的内容,因此单独设为分项加以呈现。参考备用指标 2 个,分别为创新项目保障人次、创新项目保障企业家次,反映创新项目的覆盖面。

2.服务创新

服务创新也是保险创新的重要成果,主要体现为保险服务的创新手段和服务成效,核心指标 4 项,其中新技术项数、新流程项数两项指标用于反映服务创新的手段,每平方公里保险服务网点数用于反映保险服务网点的覆盖水平,亿元保费投诉率用于反映消费者对保险服务的认可度。设万件保单投诉件数为参考备用指标,对亿元保费投诉率进行补充。

3.业务增长

业务增长是保险创新带来的直接效应,项下设有 5 个核心指标,其中创新项目保费增长贡献率、创新项目保费增速与总保费增速的差、保险新项目(产品)保费占总保费的比重 3 个指标用于反映创新对保险业务发展的拉动作用;保险密度同比提高值、保险深度同比提高值 2 个指标是衡量保险业发展的综合指标。

4.保障功能

保障功能主要体现保险创新的社会效益,下设 3 个核心指标。其中创新项目赔付占总赔付的比重、创新项目保额占总保额的比重 2 个指标,分别从赔付支出和风险保障额度维度加以反映;创新项目人均保额指标反映全体居民从保险创新中的获益情况,计算时,分子是所有相关创新项目保险金额,分母是宁波全市的常住人口数。参考备用指标 12 个,主要反映重大创新项目对相关社会领域的贡献。

5.财政绩效

财政绩效体现了保险创新中政府财政投入实际发挥的杠杆作用,下设 3 个指标。其中创新项目总保额与财政支出的比例是从风险转移和预防的角度反映财政资金通过保险实现的放大效应,创新项目总赔付与财政支出的比例是从财政支出实际经济收益的角度反映保险的经济补偿效果,创新项目总保费与财政支出的比例是从财政支出促进创新型业务增长的角度反映财政资金对全社会投保积极性的激发、引导效果。

表 8-2　保险创新产出指标体系

分类		指标
产品创新	核心指标	创新项目数
		其中:政保合作项目
		创新项目保费
		其中:政保合作项目
		创新项目保额
		其中:政保合作项目
		创新项目赔付
		其中:政保合作项目
	参考备用指标	创新项目保障人次
		创新项目保障企业家次
服务创新	核心指标	新技术项数
		新流程项数
		每平方公里保险服务网点数
		亿元保费投诉率
	参考备用指标	万件保单投诉件数

续表

分类		指标
业务增长	核心指标	创新项目保费增长贡献率
		创新项目保费增速与总保费增速的差
		保险新项目（产品）保费占总保费的比重
		保险密度同比提高值
		保险深度同比提高值
保障功能	核心指标	创新项目赔付占总赔付的比重
		创新项目保额占总保额的比重
		创新项目人均保额
	参考备用指标	医疗责任险调处医患纠纷件数
		政策性小额贷款保证保险支持贷款金额占小微企业贷款总额比重
		巨灾保险赔付金额占与之相关的灾害事故损失比重
		城镇居民住房综合保险发现风险点个数
		纳入"保险＋服务"电梯安全综合保险的电梯部数占电梯总量的比重
		建筑工程综合保险释放企业保证金
		食品安全责任保险协助开展安全检查人力投入
		大病保险提高城乡居民医药费用报销比例
		出口信用保险对一般贸易出口渗透率
		海外投资保险保额占对外投资总额的比重
		专利保险参保率
		创新型农业保险保额占农业总产值比重
财政绩效	核心指标	创新项目总保额与财政支出的比例
		创新项目总赔付与财政支出的比例
		创新项目总保费与财政支出的比例

（三）创新带动

创新带动由引入保险资金、促进经济产业链延伸、项目推广复制 3 个类别的 13 个核心指标和 11 个参考备用指标构成，旨在反映和评价宁波保险创新的辐射和带动效应。保险资金运用、保险促进经济产业链延伸虽然不是保险创新的直接成果,却是宁波国家保险创新综合试验区建设的重要内容,属于保险创新的溢出效应。同时,创新项目在省内外推广复制,扩大宁波的影响力,也是一种创新的辐射带动效应。具体指标如表 8-3 所示。

表 8-3　保险创新带动指标体系

分类		指标
引入保险资金	核心指标	保险资金运用额
		其中:基础设施投资中保险资金占比
		PPP 计划中保险资金占比
		产业基金投资中保险资金占比
		"中国制造 2025"投资中保险资金占比
		其中:"中国制造 2025"项目保险资金运用额
	参考备用指标	驻甬保险分支机构引进保险资金笔数
		驻甬保险分支机构引进保险资金
		驻甬保险总部机构在宁波使用保险资金
		驻甬保险总部机构在宁波使用保险资金额度占资金运用总额的比重
		宁波使用保险资金额度占全国的比重
促进经济产业链延伸	核心指标	产业链机构数
		产业链机构投资额
		产业链机构税收
		产业链机构就业人数
	参考备用指标	保险科技类机构数
		养老保障类机构数
		健康管理类机构数
		汽车生活类机构数
		智能家居类机构数
项目推广复制	核心指标	全市推广创新项目数
		省内其他地市推广创新项目数
		省外推广创新项目数
	参考备用指标	推广复制其他地区创新项目数

1.引入保险资金

引入保险资金是宁波国家保险创新综合试验区建设的一项重要工作,我们在统计保险资金运用额的同时,对基础设施建设、PPP 计划、产业基金设立和"中国制造 2025"融资等领域进行重点关注,进一步考察保险资金运用额的占比,以更好地反映保险资金对重点领域的参与度。此外,设 5 个参考备用指标,对保险资金引进主体、宁波使用保险资金在全国的占比等情况进行衡量。

2.促进经济产业链延伸

促进经济产业链延伸主要反映的是保险创新对实体经济的支撑作用,侧重于体现保险创新产业园建设过程中,保险上下游产业链相关机构的设立和引进情况。核心指标 4 个,包括产业链机构数、产业链机构投资额、产业链机构税收、产业链机构就业人数。参考备用指标 5 个,对重点领域的产业链机构数进行细分。

3.项目推广复制

项目推广复制反映宁波保险创新的引领示范作用,下设全市推广创新项目数、省内其他地区推广创新项目数、省外推广创新项目数 3 项核心指标,分别反映宁波保险创新在不同范围的推广情况。另外,设置推广复制其他地区创新项目数作为参考备用指标,反映宁波作为国家保险创新综合试验区学习借鉴外地先进创新经验的情况。

第三节 宁波保险创新发展指数构建与政策建议

一、宁波保险创新发展指数构建

(一)指标权重确定

本章主要采用层次分析法明确各评价指标的权重。该方法最早诞生于 20 世纪 70 年代,能够在信息不完整的情况下解决复杂问题,为人们提供相对合理的方案,是目前应用较为广泛的多目标决策方法。利用该方法确定指标权重共分为以下三步。

第一,专家打分,邀请保险领域的专家学者根据自身的专业知识和实践经验,对各评价指标的相对重要性进行打分,同时通过整理评分结果,将其写成判断矩阵。以保险创新指数为例,该指数由创新能力、创新产出、创新带动三大子系统组成,其判断矩阵 A 为:

$$A = \begin{bmatrix} 1 & 0.5 & 2 \\ 2 & 1 & 2 \\ 0.5 & 0.5 & 1 \end{bmatrix}$$

该矩阵表示各指标的相对重要程度,从中可以看出,创新产出 > 创新能力 > 创新带动。

第二,计算各矩阵的特征根及权重,用特征根法来求矩阵权值,计算判断矩阵的最大特征根并得到权重,即为该层各元素对上一层元素的权重。具体操作步骤是:求解出 A 各行的乘积,由此得到由 n 行一列构成的矩阵 B;随后,求解出 B 中各元素 n 次方根,由此构成矩阵 C;最后,对矩阵 C 予以归一化处理,由此则得到最终的矩阵 D,而其中各值则表示权重向量。

$$D = \begin{bmatrix} 0.3108 \\ 0.4934 \\ 0.1958 \end{bmatrix}$$

第三,进行一致性检验,它能够反映出各专家学家的评分结果是否一致,所拟定的判断矩阵是否合理。若计分不合理,则排序结果无效,从而保证专家评价逻辑的内在一致性,其一致性指标 $CR = 0.05595$,显著小于 0.1,故不存在明显的逻辑错误。

根据层次分析法所确定的具体权重参见表 8-4。

(二)指数合成

"宁波保险创新发展指数"由三级指标加权汇总合成,分指数由一级指标和二级指标中所含三级指标的评价值加权汇总得到。由表 8-4 可知:保险创新指数=创新能力×31%+创新产出×49%+创新带动×20%。其中,创新能力指数=市场体系×35%+人才资源×32%+经费投入×20%+理论研究×13%。创新产出指数=产品创新×35%+服务创新×18%+业务增长×18%+保障功能×18%+财政绩效×11%。创新带动指数=引入保险资金×34%+促进经济产业链延伸×33%+项目推广复制×33%。

表 8-4　宁波保险创新发展指数权重

一级指标		二级指标		三级指标	
指标名称	权重/%	指标名称	权重/%	指标名称	权重/%
创新能力	31.06	市场体系	11.08	保险法人机构数	3.17
				市级保险分支机构数	1.58
				保险专业中介机构数	1.58
				保险区域性总部或功能性总部机构数	1.58
				驻甬保险法人机构数占全国比重	3.17
		人才资源	10.12	从业人员数	1.84
				研发人员数	1.84
				中高级职称人数	1.84
				本科及以上学历人数	1.84
				在校金融专业学生数	0.92
				研发人员数占从业人员比重	1.84
		经费投入	6.00	保险机构创新经费	1.50
				创新经费占保费收入比重	1.50
				财政扶持保险创新投入	1.50
				财政扶持保险创新投入占总财政支出比重	1.50
		理论研究	3.86	研究论文及调研报告篇数	1.93
				与保险有关的重要研讨交流活动场次	1.93
创新产出	49.34	产品创新	17.24	创新项目数	4.31
				创新项目保费	4.31
				创新项目保额	4.31
				创新项目赔付	4.31

续表

一级指标		二级指标		三级指标	
指标名称	权重/%	指标名称	权重/%	指标名称	权重/%
创新产出	49.34	服务创新	9.10	新技术项数	3.03
				新流程项数	1.52
				每平方公里保险服务网点数	1.52
				亿元保费投诉率	3.03
		业务增长	9.10	创新项目保费增长贡献率	1.82
				创新项目保费增速与总保费增速的差	1.82
				保险新项目（产品）保费占总保费的比重	1.82
				保险密度同比提高值	1.82
				保险深度同比提高值	1.82
		保障功能	9.09	创新项目赔付占总赔付的比重	3.03
				创新项目保额占总保额的比重	3.03
				创新项目人均保额	3.03
		财政绩效	4.81	创新项目总保额与财政支出的比例	0.97
				创新项目总赔付与财政支出的比例	1.92
				创新项目总保费与财政支出的比例	1.92
创新带动	19.60	引入保险资金	6.55	基础设施投资中保险资金占比	1.31
				PPP计划中保险资金占比	1.31
				产业基金投资中保险资金占比	1.31
				"中国制造2025"投资中保险资金占比	1.31
				"中国制造2025"项目保险资金运用额	1.31

续表

一级指标		二级指标		三级指标	
指标名称	权重/%	指标名称	权重/%	指标名称	权重/%
创新带动	19.60	促进经济产业链延伸	6.52	产业链机构数	0.94
				产业链机构投资额	1.86
				产业链机构税收	1.86
				产业链机构就业人数	1.86
		项目推广复制	6.53	在全市推广创新项目数	1.31
				省内其他地市推广创新项目数	2.61
				省外推广创新项目数	2.61

二、主要结论与政策建议

（一）主要结论

对保险创新进行综合评价是一项系统和复杂的工作，目前还未建立相应的统计与评价指标体系。本章以宁波国家保险创新综合试验区为视角，坚持科学性、可操作性和导向性原则，结合保险创新的界定和经济效应分析，借鉴"投入—产出—带动"维度设计了保险创新统计与评价指标体系，具有一定的创新突破价值。

第一，保险创新政策评价指标体系合理可行。本章在研读该领域相关文献资料、提炼前人研究观点的基础上，科学界定了创新政策的基本内涵，划分了内容主体，同时结合保险创新的界定和经济效应分析，从"投入—产出—带动"三个维度设计保险创新评价的基本思路，构建了由创新能力、创新产出、创新带动三大部分组成的指标体系。其中创新能力又由市场体系、人才资源、经费投入、理论研究四方面构成，创新产出由产品创新、服务创新、业务增长、保障功能、财政绩效五方面构成，创新带动由引入保险资金、促进经济产业链延伸、项目推广复制三方面构成。

第二，整个指标体系所有指标分为两类：一类是核心指标，将全部用于宁波保险创新发展指数（该指数由创新能力指数、创新产出指数、创新带动指数加总得出）的测算，另一类则是参考备用指标，旨在对核心指标进行补充,从而多层次、多侧面、立体化反映保险创新成效。

第三,为了便于保险创新的横向与纵向比较,构造保险创新发展指数,对相关指标进行标准值选取与无量纲化处理,并采用层次分析法确定指标权重,其中在"投入"层面赋权重为 30％,"产出"层面 50％,"带动"层面 20％。

(二)政策建议

1. 政府层面

政府层面的建议旨在营造保险创新和保险型城市建设的最优环境,鼓励保险机构积极开展保险创新,包括产品创新和服务创新。

第一,从战略和全局的高度加快促进宁波保险业的创新发展。宁波市政府有必要根据区域发展状况和保险行业需求情况,以自主创新为基本原则,建立健全科学合理的保险创新机制。要积极争取政府相关部门、行业协会等对本市保险行业创新发展的政策支持和行业标准引导;要创造良好的行业发展环境,鼓励与支持各大保险企业从产品研发、技术引进、经营管理等方面开展创新活动;要对那些在创新领域表现优异的保险企业予以表彰,在全市范围内形成示范效应。

第二,积极支持保险企业的产品创新。宁波市政府应当鼓励各保险企业根据不同行业发展特征,推出定制化、个性化的保险产品和业务,以更好地助力产业优化升级,更有效地推进区域经济发展。要顺应互联网时代变化趋势,重点发展数字科技、软件开发、生物医药等新兴行业的保险业务,确保保险产品与产业联动;要积极推广高新技术成果转让保证险等,助力科研成果尽快落地与转化,由此为区域经济提供有力支撑;要鼓励与支持各保险企业研发与发展珠宝、艺术品等实体资产保险业务;要引导保险企业基于物流行业发展特征,为其提供个性化的运输险、仓储险等,从而为物流行业的健康发展提供保障。此外,可针对建筑行业提供项目融资等保险产品,还可以根据市场需求,推出汽车消费信贷保证险等特色险种。

第三,鼓励保险企业开展服务、营销模式创新,提高服务水平。宁波市政府要积极应用先进技术,推进保险行业信息化、智能化发展;迎合行业发展趋势,使用网上保险等新型营销模式,扩大保险产品覆盖面,提高产品营销效率;加强保险人员的能力培训,根据岗位需要及人员考核情况,为其提供有针对性的培训方案，以全面提升保险服务水平。

2.保险公司层面

保险公司层面的建议旨在建立激励机制，加大产品和服务创新力度。

第一，进行产品结构调整和功能改造。加快现有产品的改造和险种结构的调整。各大保险企业在产品研发过程中，有必要严格按照循序渐进的原则，合理配置资源，将资源集中于发展潜力大、市场效应好的保险业务领域。如：积极发展与推广养老类、社保类等商业保险产品，弥补社会保障体系的不足，同时通过这类产品的研发，与"新医改"等民生工程紧密联系起来，以提高人民福祉；根据城市化建设现状，基于城乡居民的消费习惯，设计与研发能够满足不同层次群体的个性化产品，以实现保险业务全线覆盖；围绕市场需求，优化与调整现有险种，创新现有的产品体系。

第二，加强服务创新。保险企业理应以满足客户需求为基本原则，以诚信道德为准绳，实现对客户的承诺，以树立企业良好诚信的形象；积极开展市场调研工作，及时了解行业需求变化趋势，明确市场细分标准，以丰富保险业务，完善保险产品体系；重视客户满意度调查，要全面了解自身服务的不足，查漏补缺，不断提高服务质量和水平；引进先进技术，建立多功能的客户服务管理信息系统，以此提高服务效率，或者建立客户关系管理系统，促进客户档案管理数字化，为客户提供更具针对性的保险创新产品，并通过激励机制对服务过程进行有效的组织管理。

第三，加强营销模式的创新。保险企业要重视调研，全面收集信息，在深入掌握客户需求的情况下，制定可行的、科学的营销方案；用先进的营销工具，依托电商等渠道，减少保险商品传递过程中的人为干扰因素，保障营销的成功率和高效率；结合实际情况，适当地拓展营销渠道，通过电话营销、网络营销等多种新型营销手段拓展业务范围。

第四，建立以人为本的人才机制。人力资源是创新的根本动力来源，因此，保险行业要想提高创新水平，就必须加强人才建设，培养一批符合时代发展需要的复合型人才。具体而言，保险企业要建立完善的人才培训体系，根据不同岗位的职责需求，提供定制化的培训方案；建立健全知识风险机制和人才晋升渠道，充分调动人才的积极性，激发人才创新动力。

总体而言，保险行业要顺应互联网迅猛发展的趋势，争取弯道超车的机会，加快创新发展的步伐。比如，推出与发展互联网保险，同时形成互联网意识,将其渗透到产品研发、技术创新、营销、理赔等各个环节;不断拓展互联网营销渠道,利用电子商务、云计算、移动社交网络等技术,扩大保险业务的覆盖面;利用大数据等技术,深度挖掘保险数据,精准分析客户需求,开发个性化产品。

参考文献

[1] Beck T，Demirguc-Kunt A. Small and medium-size enterprises：Access to finance as a growth constraint[J]. Journal of Banking & Finance，2006(11)：2931-2943.

[2] Bellandi M，Caloffi A. An analysis of regional policies promoting networks for innovation[J]. European Planning Studies，2010（1）：67-82.

[3] Fiss P C. Building better causal theories：A fuzzy set approach to typologies in organization research [J]. Academy of Management Journal，2011(2)：393-420.

[4] Grace M F，Rebello M J. Financing and the demand for corporate insurance[J]. The Geneva Papers on Risk and Insurance：Theory，1993(18)：147-172.

[5] Head G L，Wong K S R. Risk Management for Public Entities [M]. Malvern：Center for the Advancement of Risk Management Education，1999.

[6] Kingston C. Marine insurance in Britain and America，1720-1844：A comparative institutional analysis [J]. The Journal of Economic History，2005(2)：379-409.

[7] Kyriaki N. The Principle of Indemnity in Marine Insurance Contracts：A Comparative Approach[M]. Berlin：Springer，2007.

[8] Ludwig D，Mangel M，Haddad B. Ecology, conservation, and public policy[J]. Annual Review of Ecology and Systematics，2001（32）：481-517.

[9] Mayers D，Smith C W. On the corporate demand for insurance[J].

Journalof Business,1982(2):281-296.

[10] Main B G M.Corporate insurance purchases and taxes [J].The Journal of Risk and Insurance,1983(2):197-223.

[11] Nayar. Can a traditional financial technology co-exist with modern financial technologies? [J].Savings and Development，1986（1）：31-58.

[12] Selwyn P.Feature selection for financial credit-risk evaluation decisions[J].Informs Journal on Computing,1999(3):258-266.

[13] Ragin C C. Redesigning Social Inquiry:Fuzzy Sets and Beyond[M]. Chicago:University of Chicago Press,2008.

[14] Rejda G E,Mc Namara M J. Principles of Risk Management （12th）[M].New York:Pearson Education,2014.

[15] Rennings K. Redefining innovation:Eco-innovation research and the contribution from ecological economics [J].Ecological Economics，2000(2):319-332.

[16] Rossi F，Russo M.Innovation policy:Levels and levers［C］// Complexity Perspectives in Innovation and Social Change. Berlin:Springer,2009.

[17] Tanguay G A，Lanoie P，Moreau J，et al. Environmental Policy, Public Interest and Political Market[M].New Jersey:Citeseer,2001.

[18] 陈剑平.政府创新政策与利益相关者创新资源投入的关系研究[D].杭州:浙江工商大学,2014.

[19] 程华,廖中举.中国区域环境创新绩效评价与研究[J].中国环境科学,2011(3):522-528.

[20] 戴云霞.财产保险对民生改善的作用[J].中国商论,2018(14):19-20.

[21] 邓珊.新加坡国际航运中心法律服务体系研究[J].东南亚纵横,2012(11):10-15.

[22] 丁孜山,丁蔚.保险发展与创新[M].上海:复旦大学出版社,2006.

[23] 董岗.伦敦国际航运服务的推广策略研究[J].中国港口,2011(2):59-63.

[24] 杜运周,贾良定.组态视角与定性比较分析(QCA):管理学研究的一条

新道路[J].管理世界,2017(6):155-167.

[25] 费淑静.民营中小企业融资体系研究[M].北京:经济管理出版社,2005.

[26] 冯贤国.建立长期护理保险制度 助力实现"健康中国"战略[J].中国保险,2017(9):36-40.

[27] 高峰.基于政策指数的科技政策实证研究[J].科技进步与对策,2013(19):105-108.

[28] 谷国锋,滕福星.区域科技创新运行机制与评价指标体系研究[J].东北师大学报(哲学社会科学版),2003(4):24-30.

[29] 郭湖斌.新加坡建设国际航运中心的经验借鉴与启示[J].物流科技,2013(6):17-21.

[30] 匡跃辉.科技政策评估:标准与方法[J].科学管理研究,2006(6):62-65.

[31] 胡务.美国城乡社会养老保险接续模式的演变[J].中国社会保障,2011(4):15-17.

[32] 黄灿.欧盟和中国创新政策比较研究[J].科学学研究,2004(2):212-217.

[33] 黄萃,苏竣,施丽萍,等.中国高新技术产业税收优惠政策文本量化研究[J].科研管理,2011(10):46-54.

[34] 侯宗忠,冯鹏程.美国商业健康保险市场的发展及启示[J].保险职业学院学报,2009(1):69-72.

[35] 吉登斯.现代性的后果[M].田禾,译.南京:译林出版社,2000.

[36] 雷强,倪权生,吴君.英国金融产业集群对我国国际金融中心发展的借鉴意义[J].产经评论,2011(1):48-56.

[37] 李华建."一带一路"背景下宁波航运保险供需状况及创新发展研究[J].宁波经济(三江论坛),2018(12):48-50.

[38] 李江宁,殷晓松.保险业在国家治理体系中的定位及发展研究[M].天津:南开大学出版社,2016.

[39] 李靖华,常晓然.我国流通产业创新政策协同研究[J].商业经济与管理,2014(9):5-16.

[40] 李文红,蒋则沈.金融科技(FinTech)发展与监管:一个监管者的视角

[J].金融监管研究,2017(3):1-13.

[41] 连锦泉,等.2018.保险机制服务国家治理现代化:建设保险型社会助推全面深化改革[M].北京:商务印书馆,2018.

[42] 梁强,邹立凯,宋丽红,等.组织印记、生态位与新创企业成长:基于组织生态学视角的质性研究[J].管理世界,2017(6):141-154.

[43] 梁棋翔.发挥保险功能作用 惠民生促和谐助发展[J].广西经济,2017(8):32-32.

[44] 廖岷.全球金融科技监管的现状与未来走向[J].新金融,2016(10):12-16.

[45] 刘会武,卫刘江,王胜光,等.面向创新政策评价的三维分析框架[J].中国科技论坛,2008(5):33-36.

[46] 刘金林.基于事实维度的公共科技政策评价研究[J].经济与管理,2011(8):17-22.

[47] 刘瑞.日本地震保险经验[J].中国金融,2016(23):83-84.

[48] 刘顺忠,官建成.区域创新系统创新绩效的评价[J].中国管理科学,2002(1):75-78.

[49] 刘小微.左手大病保险,右手农业保险,打造民生保障中坚力量[J].中国金融家,2016(4):43-44.

[50] 刘绪光,徐天骄.国际保险科技发展实践与监管趋势[J].金融市场研究,2017(5):115-123.

[51] 刘学媛.宁波市金融支持小微企业创业创新路径研究[D].杭州:浙江工业大学,2016.

[52] 刘运良.弄懂社保体系建设总目标与民生总要求的内在关系[J].中国医疗保险,2018(1):26.

[53] 卢立峰,李兆友.巴西技术创新政策演化及启示[J].技术与创新管理,2010(3):261-263.

[54] 闻涵加,朱文强.国际航运保险经验启示[J].中国保险,2015(6):14-17.

[55] 闻涵加,朱文强.国际航运保险中心建设政策研究[J].上海保险,2016(3):39-44.

[56] 吕海军.网络经济中高技术中小企业成长研究[D].哈尔滨:哈尔滨工

程大学,2001.

[57] 吕一博,苏敬勤,傅宇.中国中小企业成长的影响因素研究:基于中国东北地区中小企业的实证研究[J].中国工业经济,2008(1):14-23.

[58] 马丁玲,颜颖颖.宁波经济高质量发展评价及路径初探[J].宁波通讯,2018(9):40-41.

[59] 马坚波.险企的社会责任探析:以商业保险在民生保障网中的作用为视角[J].中共太原市委党校学报,2018(6):21-25.

[60] 彭纪生,仲为国,孙文祥.政策测量、政策协同演变与经济绩效:基于创新政策的实证研究[J].管理世界,2018(6):25-36.

[61] 瑞士再保险公司北京分公司.北欧四国海上保险监管及市场支持政策[J].中国保险,2015(6):7-13.

[62] 桑倞.欧洲联盟创新政策浅析[D].北京:中国社会科学院研究生院,2002.

[63] 沈蕾.美国的巨灾保险制度及其启示[J].华东经济管理,2008(9):145-149.

[64] 盛亚,孙津.我国区域创新政策比较:基于浙、粤、苏、京、沪5省(市)的研究[J].科技进步与对策,2013(6):93-97.

[65] 宋芳秀.全球海上保险市场的竞争格局演变及其影响因素[J].保险研究,2013(3):95-106.

[66] 宋莉莉.关于医疗保险工作与民生问题的思考[J].中国集体经济,2018(26):166-167.

[67] 孙玉涛,曹聪.战略情景转变下中国创新政策主体合作结构演进实证[J].研究与发展管理,2012(4):93-102.

[68] 唐一军.举全市之力写好保险创新这篇大文章 为建设保险强国作出宁波应有的贡献[J].宁波经济(三江论坛),2017(1):7-9.

[69] 王慧玲.中小企业商业信用风险问题与对策[J].合作经济与科技,2013(3):53-54.

[70] 王列辉.高端航运服务业的不同模式及对上海的启示[J].上海经济研究,2009(9):99-107.

[71] 汪凌勇,杨超.国外创新政策评估实践与启示[J].科技管理研究,2010(15):28-31.

[72] 吴定富.大力推进保险创新做大做强保险业[J].管理世界,2004(6):
1-3.

[73] 吴家曦.中小企业成长影响因素研究:以浙江为例[J].浙江社会科学,
2015(11):145-151.

[74] 吴育苗.巨灾保险框架下政策性保险机构的效率分析及对我国的启
示:以美国佛罗里达飓风巨灾保险为例[C]//浙江省保险学会.浙江保
险科研成果选编(2014年度),2015.

[75] 乌尔里希·贝克,等.风险社会[M].何博闻,译.南京:译林出版
社,2004.

[76] 徐衣显.转型期中国政府经济职能研究[M].北京:中国财政经济出版
社,2007.

[77] 许闲.保险科技的框架与趋势[J].中国金融,2017(10):88-90.

[78] 薛澜,张帆,武沐瑶.国家治理体系与治理能力研究:回顾与前瞻[J].
公共管理学报,2015(3):1-13.

[79] 杨东.英国金融科技发展对中国保险科技的借鉴[J].上海保险,2017
(10):8-13.

[80] 姚雁雁.我国中小企业财务风险的成因及其防范[J].财会研究,2010
(13):65-67.

[81] 叶晓凌.政府购买保险服务:农村公共风险管理的新思路[J].保险研
究,2010(7):52-56.

[82] 约瑟夫·熊彼特.经济发展理论:对于利润、资本、信贷、利息和经济周
期的考察[M].何畏,易家详,等译.北京:商务印书馆,1990.

[83] 曾立新.美国巨灾风险融资和政府干预研究[M].北京:对外经济贸易
大学出版社,2008.

[84] 张丽.伦敦发展国际航运中心的经验及启示[J].港口经济,2008(9):
54-56.

[85] 张丽杰.浅析财产保险营运发展与民生保障作用[J].西部财会,2018
(12):66-68.

[86] 张磊.社会治理共同体的重大意义、基本内涵及其构建可行性研究
[J].重庆社会科学,2019(8):39-49.

[87] 张瑞林,李林.熊彼得创新理论与企业家精神培育[J].中国工业评论,

2015(11)：94-98.

[88] 赵莉晓.创新政策评估理论方法研究：基于公共政策评估逻辑框架的视角[J].科学学研究,2014(2)：195-202.

[89] 郑佳.中国基本公共服务均等化政策协同研究[D].长春：吉林大学,2010.

[90] 郑庆寰,闫寒.国际航运保险市场的发展特征及对上海的启示[J].上海保险,2012(5)：5-10.

[91] 仲伟俊,胡钰,梅姝娥.民营科技企业的技术创新战略和政策选择[M].北京：科学出版社,2005.

[92] 周卉.国外社会养老保险关系转移接续政策借鉴：以欧盟和美国为例[J].地方财政研究,2014(11)：74-77.

[93] 朱从玖,卢子跃.保险创新与社会治理建设：基于宁波保险创新综合示范区的探索与实践[J].中国金融,2015(24)：13-15.

[94] 朱孟进.提升保险业服务中小企业能力[N].宁波日报,2019-06-13.

[95] 朱铭来,李涛.商业保险对居民刚性消费的影响：基于社会民生视角的实证研究[J].保险研究,2017(1)：29-38.

[96] 朱伟忠,吴茜,陈敬元.广东建立巨灾保险制度的可行性研究[J].南方金融,2016(3)：72-86.

后　记

本书为宁波市社科院(市社科联)"金融发展与保险创新研究基地"最终研究成果之一。

承蒙宁波市社科院和浙大宁波理工学院的大力支持,以浙大宁波理工学院和宁波市金融研究院共同申报并获批的"金融发展与保险创新研究基地",在浙大宁波理工学院原党委书记、宁波市金融发展与保险创新研究基地主任费英勤教授的直接领导和指导下,基地成员历时 3 年,经过 9 个课题的研究,共同完成了本书的撰写。宁波市金融发展与保险创新研究基地首席专家、浙大宁波理工学院商学院教授、宁波市金融研究院孙伍琴院长和浙大宁波理工学院商学院副教授、宁波市金融研究院滕帆副院长共同负责书稿框架的拟定、初稿修改及全书的统稿审定。各章撰写人为:孙伍琴(绪论),朱兴婷、滕帆(第一章),刘吉斌、宋静静(第二章),洪青(第三章),李华建(第四章),朱孟进(第五章),陈裕荟琳(第六章),王培(第七章),吴燕(第八章)。限于时间和水平,本书的错误与不足之处在所难免,恳请读者批评指正。

本书研究与撰写过程中,宁波市社科院经济研究所吴伟强所长、丁乐副所长、宁波市社科院方东华处长、谢国光处长给予了大力支持;浙大宁波理工学院科研处苏衍宝老师从基地申报到课题研究,均给予了倾情指导和支持;浙江大学出版社吴伟伟编辑、陈翩编辑为本书的出版给予了很大的帮助,我们在此表示衷心感谢!

作者

2020 年 8 月